Peter
STOLZ Verlag

Peter Klusen

Klapsmühle

Alles ganz normal

Sketche

LENDERSDORFER TRAUMFABRIK

Edition Lendersdorfer Traumfabrik

Gedruckt auf chlorfrei gebleichtem Papier

1. Auflage 1998

Federzeichnungen: Peter Klusen

Gestaltung und Satz: Karin Pfeiffer

Covergestaltung: Karin Pfeiffer

Druck: kuper-druck, Eschweiler

Reformierte Rechtschreibung

ISBN 3-89778-**704**-0

Inhalt

Themen

EINIGE WORTE ZUVOR ...
... damit bei der Aufführung auch alles richtig *klapst* !

Sketche sind winzige Komödien, bisweilen nur gespielte Witze. Der Weg von der gedruckten Textvorlage auf die Bühne oder in den Spielkreis ist kurz: Sketche lassen sich ohne viel Aufwand auch mit unerfahrenen Darstellern schnell und problemlos einstudieren. Sie kommen mit wenigen Requisiten, einfachsten Kostümen und oft ganz ohne ein Bühnenbild aus – und sind bei einem Minimum an inszenatorischer Sorgfalt doch stets die Garanten für Spaß und gute Laune zu unzähligen Spielanlässen.

Die im vorliegenden Heft versammelten Sketche werden allen Vorzügen dieser Kleinkunst-Gattung gerecht und präsentieren einen bunten Szenen-Strauß, der immer ankommt, wenn die Spielleiterin oder der Spielleiter in der Praxis nachstehende ***zehn goldene Grundregeln*** *einhält:*

☺ Lesen Sie die Sketche zunächst mehrmals *mit verteilten Rollen* in der Gruppe. Entscheiden Sie dann gemeinsam über die endgültige Rollenvergabe an die „besten" Spieler.

☺ Bestehen Sie darauf, dass jeder seinen Text bis zu einem bestimmten Stichtag auch wirklich *auswendig lernt.*

☺ Achten Sie von Anfang an auf eine *deutliche Aussprache!* Es sollte möglichst immer zum Publikum hin gesprochen und agiert werden. Wird in einem Raum mit schlechter Akustik gespielt, muss dieses Manko durch *lautes Sprechen* kompensiert werden: Auch Oma und Opa in der hintersten Reihe müssen alle Dialoge und die Pointe mitbekommen!

☺ Das Publikum lacht bisweilen lang und laut – und manchmal auch an ganz unvermuteten Stellen: Dann nicht einfach weiter spielen und sprechen! Die Akteure müssen die *Nerven behalten* und warten, bis es wieder ruhig ist. Gegebenenfalls empfiehlt es sich, *einen Dialog noch einmal zu wiederholen!*

☺ Für Spieler und Zuschauer ist es immer reizvoll, wenn in den Sketchen bekannte Vor- und Nachnamen auftauchen und auch in den Dialogen auf Bekanntes bzw. Lokales angespielt wird. Scheuen Sie sich also nicht, die *Texte und Namen zielgruppenspezifisch zu verändern!*

☺ Am besten gelingt das Spiel, wenn man wenigstens ein kleines Podest hat: Die Spieler werden dann besser verstanden und vor allen

Dingen auch besser gesehen. Im „Zimmer- oder Klassenraum-Theater“ reicht indes durchaus eine *genügend große Spielfläche.*

☺ Häufig werden *mehrere Sketche hintereinander* gespielt. Ein solches „Feuerwerk“ sollte immer durch kurze Überleitungen strukturiert werden, die man eine Ansagerin oder einen Ansager formulieren lässt. Dabei gewinnt das Publikum die nötige Zeit zur Umstellung. Die Spannung für die nächste Szene kann sich aufbauen.

☺ Bei einer Sketchfolge empfiehlt sich ergänzend zur Ansage die *Herstellung oder Vervielfältigung eines kleinen Programms* (eine DIN A 4-Seite in der Mitte knicken und entsprechend gestalten). Dokumentiert werden in dem Folder alle Namen und Titel. Das Programm kann als Eintrittskarte und/oder Einladung fungieren.

☺ *Experimentieren Sie* ruhig auch *mit audiovisuellen Verstärkerkomponenten!* Der Einsatz eines Scheinwerfers oder ein vom Band eingespieltes Geräusch ist wenig aufwendig, kann aber eine Szene enorm beleben.

☺ In Sketchen geht es häufig hoch her und nicht selten versinkt eine Szene (gewollt!) im Chaos. Beherzigen Sie in diesem Zusammenhang eine alte Theaterweisheit: *Ein anständiges Chaos auf der Bühne muss sorgfältig geplant und diszipliniert gespielt werden!*

Und nun viel Spaß bei der Arbeit und herzlich willkommen in der *Klapsmühle* !

Peter Klusen

Das Klassenfoto

Personen

Frau Kübler-Niggemeier, Lehrerin
Carolin
Patrik
Julia
Philip
Miriam

und beliebig viele
weitere Schülerinnen und Schüler

Requisiten

Im Klassenzimmer
alte Kamera

Eine der schwersten Turnübungen: sich selbst auf den Arm zu nehmen. Können Sie das? Dann wird „Das Klassenfoto" Vergnügen bereiten, denn es lebt von der etwas dusseligen Naivität der Lehrerin Kübler-Niggemeier.
Die Schüler sind schnippisch und nehmen die Lehrerin auf die Schippe, aber diese scheint dafür keine Antenne zu haben. Die Rolle der Lehrerin sollte an einen Spieler vergeben werden, welcher die penetrante Betulichkeit gut spielen kann.

Wenn Frau Kübler-Niggemeier die Klasse betritt, erheben sich alle Schüler von ihren Plätzen.

KÜBLER-NIGGEMEIER: Guten Morgen, Kinder!

ALLE: *(laut und leiernd)* Guten Morgen Frau Kübler-Niggemeier!

KÜBLER-NIGGEMEIER: Setzt euch! Ruhe! Schnell, schnell! So, und nun schaut her, was ich heute mitgebracht habe! *(kramt umständlich einen Fotoapparat aus ihrer Schultasche und hält ihn hoch)* Na, was ist das?

PATRICK: *(zeigt auf und wird drangenommen)* Normalerweise würde ich ja auf eine leicht veraltete Spiegelreflexkamera tippen, aber wenn Sie schon so fragen, wird es wohl ein gebrauchter Katalysator oder eine Espressomaschine für Liliputaner sein.

KÜBLER-NIGGEMEIER: *(ringt sich ein gequältes Lachen ab)* Patrick! Manchmal bist du ein richtiger Umstandskrämer! Natürlich ist das ein ...

CAROLIN: ... Fotoapparat!

KÜBLER-NIGGEMEIER: Ein Fotoapparat, genau, Carolin! So! Was machen wir nun mit diesem Fotoapparat?

PHILIP: Wir legen ihn bis zum Weihnachtsbazar in den Schrank und verkaufen ihn dann am Flohmarktstand!

KÜBLER-NIGGEMEIER: *(ärgerlich)* Erst aufzeigen, Philip! Nicht einfach in die Klasse rufen! *(Noch ärgerlicher)* Schon gar nicht, wenn du einen solchen Blödsinn redest! Ich werde euch sagen, was wir damit machen ...

JULIA: Warum nicht gleich so!

KÜBLER-NIGGEMEIER: Ruhe! *(fährt geheimnisvoll fort)* Wir ... machen ... ein – Klassenfoto!

Alle Kinder stöhnen laut auf und reden aufgeregt durcheinander, doch Frau Kübler-Niggemeier hat schnell wieder für Ruhe gesorgt.

KÜBLER-NIGGEMEIER: Was ist denn los?

PATRICK: Muss das sein?

KÜBLER-NIGGEMEIER: Ich weiß gar nicht, was ihr habt, so ein Foto ist doch ein schönes Andenken! *(schaut auf ihre Armbanduhr)* In fünf Minuten kommt der Hausmeister und macht eine Aufnahme von uns! Geht euch noch mal durchs Haar!

Alle wühlen sich gegenseitig durch die Frisuren und zerzauseln sich aufs Schrecklichste.

PATRICK: Ein Foto, auf dem wir alle drauf sind, kann kein schönes Andenken sein, Frau Kübler-Niggemeier!

KÜBLER-NIGGEMEIER: Aber ich bin doch auch mit auf dem Bild!

CAROLIN: Eben!

KÜBLER-NIGGEMEIER: Was soll das denn heißen? Also, Kinder, ein ordentliches Klassenfoto gehört in jedes Foto-Album! Man kann es auch in einen Rahmen ins Regal stellen oder auf den Kamin oder an die Wand hängen ...!

JULIA: Bei uns ist kein Platz mehr an der Wand!

CAROLIN: Wir haben keinen Kamin und im Regal stehen die Konservendosen!

PATRICK: Ein Klassenfoto! Am Ende müssen wir auch noch Geld dafür bezahlen!

KÜBLER-NIGGEMEIER: Eine Mark pro Foto! Das ist doch wirklich kein Geld, Patrick, ich bitte dich!

PATRICK: Okay, okay, überredet! Aber ich weiß wirklich nicht, wofür das gut sein soll: ein Klassenfoto!

KÜBLER-NIGGEMEIER: *(verzweifelt)* Wenn ... wenn ihr später selbst mal Kinder habt, könnt ihr ihnen das Foto zeigen und ... und sagen: Seht her, Kinder, das ist, äh, die Julia! Damals war sie immer die Kleinste in der Klasse, heute ist sie eine ... eine berühmte ... Tierärztin!

JULIA: Ich werde aber Architektin!

KÜBLER-NIGGEMEIER: Dann eben eine berühmte Architektin, war ja nur ein Beispiel! Und der Philip erzählt vielleicht seinem Sohn: Das da bin ich, und der kleine Junge neben mir, das ist der Patrick! Heute ist er ein sehr erfolgreicher Geschäftsmann!

CAROLIN: *(laut)* Ja, das ist prima! Und dann können wir unseren Kindern auch sagen: Seht mal, die Frau da in der Mitte, das war unsere Lehrerin, die Frau Kübler-Niggemeier, heute ist sie immer noch an der Schule und nervt die Kinder mit Klassenfotos und dem ganzen Quatsch.

Die verflixte Sieben

Personen

Papa Krause
Mama Krause
Sohn Paulchen
Hund Struppi

Ärger bei den Hausaufgaben.
Die bekannte Dreiecksgeschichte Vater, Mutter, Kind. Das Kind benötigt Hilfe, und alle geraten sich darüber in die Haare. Doch wie sehr sich der Vater auch abmüht, seine pädagogischen Einfälle führen zu immer mehr Chaos.

Die Bühne kann sparsam ausgestattet werden, einige Gegenstände deuten das häusliche Wohnzimmer an.

Requisiten

Im Wohnzimmer

Mama Krause sitzt auf der Couch und strickt an einem knallbunten Teil, Papa Krause lümmelt sich im Sessel und ist in seine BILD-Zeitung vertieft. Paulchen brütet an einem kleinen Tisch im Vordergrund über den Hausaufgaben. Struppi kann ein Stoffhund sein, dem jemand seine Stimme leiht – es kann ihn aber auch ein Kind spielen.

PAULCHEN: 21 durch sieben, 21 durch sieben! Papa, wie viel ist 21 durch sieben?

PAPA: Was, schon sieben? Dann will ich mal mit Struppi Gassi gehen!

STRUPPI: Wau! Wau! Wau!

PAULCHEN: Nein ...

PAPA: Er muss aber bestimmt mal! *(leise vor sich hin)* Durch sieben ...?

STRUPPI: Wau! Wau! Wau!

PAULCHEN: 21 durch sieben, Papa, ich krieg's einfach nicht raus.

MAMA: Papa hilft dir, Paulchen! Los, Erwin, erklär's ihm!

PAPA: Pass auf, Junge! Stell dir vor, du hast, äh, 21 Gummibärchen. Die sollst du jetzt mit *(zählt an den Fingern ab)* Sebastian, Florian, Anika, äh, Tobias, Nadine, äh, Mama und mir teilen. Na, wie machst du das?

PAULCHEN: Kein Problem, Papa! Ich gebe jedem eins ab und behalte den Rest.

PAPA: Was? Äh, nur eins gibst du jedem ab?

PAULCHEN: Ja, lauter rote! Die roten mag ich nämlich nicht.

MAMA: Die schmecken auch nicht. Unser Sohn hat einen guten Geschmack, Erwin. Vielleicht sollte er Architekt oder Modeschöpfer werden.

PAPA: Gar nichts wird aus ihm, wenn er nicht mal 21 durch drei rechnen kann!

PAULCHEN: Durch sieben!

PAPA: Durch so viel?

PAULCHEN: Hm.

PAPA: Packen wir die Sache anders an, ganz anders. *(geht nachdenklich auf und ab)* Die ... sieben Zwerge ... äh, die sieben Zwerge lieben ... 21 Schneewittchen ...!

MAMA: Erwin! Das ist aber unanständig!

PAPA: *(aufgebracht)* Was heißt hier unanständig! Es ist doch nur ein Beispiel! Dann erklär du ihm doch, wie man 21 durch sieben teilt!

PAULCHEN: Sehen die Schneewittchen alle gleich aus oder sind auch ein paar ganz fette Wachteln mit Pickeln dabei?

PAPA: Was soll das?!

PAULCHEN: Die können wir dann gleich vergessen. Die will ja eh kein Zwerg!

PAPA: *(ringt mit der Fassung)* Darum geht es doch nicht, Herrschaftszeiten! Du sollst lediglich ausrechnen, wie viele Zwerge die Schneewittchen bekommen – oder war das umgekehrt? Jetzt grins' nicht so blöd!

MAMA: Ein doofes Beispiel ist das! Der Junge ist doch längst aus dem Märchenalter heraus. Frag ihn was ... was ... na, so aus dem richtigen Leben halt was!

PAPA: *(rauft sich die Haare)* Na gut, na gut! Jetzt pass mal auf – hör genau hin: Auf dem Fußballfeld sind 21 Spieler ...

PAULCHEN: *(empört)* Dann ist schon einer vom Platz geflogen?!

PAPA: *(laut)* Nein! Sakrament! Es sind einfach nur 21 Spieler auf dem Platz! Weiß der Henker warum! Es ist nun mal so!

MAMA: Schrei den Jungen nicht so an, und gebrauche nicht immer diese Ausdrücke!

PAULCHEN: Von mir aus können die anderen nur zehn Mann haben, aber **wir** verlieren **immer**, wenn wir in Unterzahl sind.

PAPA: Ausdrücke? Was für Ausdrücke, verdammt noch mal! Dieser ... dieser Blindfisch von einem Sohn bringt mich um den letzten Rest Verstand! *(packt Paulchen bei der Jacke und reißt ihn vom Stuhl)* So, Freundchen! Jetzt wird gerechnet! 21 Spieler haben sieben Bälle ...

PAULCHEN: *(röchelt)* Sieben ... Bälle? Das ist gegen die Regeln!

PAPA: *(schüttelt seinen Sohn, tobt und schreit)* Die Regeln bestimme ich! 21 Spieler haben sieben Bälle! Wirst du jetzt wohl sofort die Spieler durch die Bälle teilen?

STRUPPI: Wau! Wau! Wau!

PAULCHEN: *(mit erstickter Stimme)* Struppi muss mal!

PAPA: *(lässt von Paulchen ab, atmet schwer, ist völlig fertig)* Nein, nein, er muss nicht, er muss überhaupt nicht. Struppi ist einfach nur intelligenter als du! *(fährt tonlos fort)* Hast du wenigstens genau hingehört und verstanden, was er gesagt hat? *(drohend)* Hast du das?

PAULCHEN: *(kleinlaut)* Ja!

PAPA: *(mit gepresster Stimme)* Dann sag es jetzt! Ich will es wenigstens **einmal** aus deinem Mund hören: Wie viel ist 21 Spieler duch sieben Bälle? Na, wird's bald?

PAULCHEN: Wau! Wau! Wau!

Familienabend

Personen

Papa Beutler
Mama Beutler
Philip
Anika
Baby Lisa

Requisiten

Im Wohnzimmer der Familie
Kinderwagen
Knabbergebäck

Eine Persiflage auf das vom Fernsehgerät dominierte Feierabend-Familienleben.
Die haarsträubende Aufrüstung der Unterhaltungselektronik entlarvt sich selbst als Schwachsinn, was durch die verquaste Technikfachsimpelei zwischen Vater und Sohn deutlich wird.

Dieser Sketch lädt ein zum Ausgestalten und Weiterspinnen. Die Auswahl der Mitspieler bestimmt den Stellenwert des Vergnügungsfaktors!

Mama und Papa Beutler sitzen auf der Couch und starren in das Publikum. Sie tasten dabei mechanisch nach den auf einem Beistelltisch stehenden Kartoffelchips, Salzstangen und Getränken, ohne die Blickrichtung zu ändern. Schnell wird klar, dass die Beutlers fernsehen. Anika und Philip lümmeln sich auf dem Teppich und beschäftigen sich mäßig begeistert mit einem Brettspiel. In ihrem Kinderwagen schlummert Baby Lisa im Hintergrund der Bühne.

MAMA: Gib mir doch mal die Fernbedienung, Heinz, auf RTL kommt gleich eine Sendung mit Lady Di.

PAPA: Was? Ich denk, die ist tot?

MAMA: Eine Aufzeichnung natürlich.

PAPA: *(genervt)* Och, Birgit, schon wieder Diana. Im Ersten kommt jetzt Technik Live! Die stellen das neue Breitbildfernsehgerät vor!

PHILIP: *(unterbricht sein Spiel)* Ein nagelneuer Rumsteh-O-Mat, Mama, der erste mit Triebelbumpaphon!

PAPA: Da hörst du es!

MAMA: Brauchen wir denn einen neuen Rumsteh ... äh, ein neues Fernsehgerät? Unser altes ist doch noch ganz neu!

PAPA: *(nimmt einen Schluck aus der Pulle)* Hat aber kein Breitbild, Birgit! Der neue mit Triebelbumpaphon hat außerdem einen dreifachen Unterschnulzverdampfer, höhenverstellbare Seitenverschiebung und eine obenliegende Sauerstoffverdrosselung bei einem Klirrfaktor von 2,8!

PHILIP: *(laut)* Und ein grünspanverzwicktes Außenhautthermometer mit zwölfstelliger Nullstellenzerbröselung!

PAPA: *(begeistert)* Genau! Äh, wirklich mit **zwölfstelliger** Nullstellenzerbröselung?

PHILIP: Klar! Ich meine sogar, er hat einen **achtfachen** Unterschnulzverdampfer.

PAPA: *(schüttelt ungläubig den Kopf und stopft sich eine Handvoll Chips in den Mund, die er beim nächsten Satz wieder halb ausspuckt)* Achtfacher Unterschnulzverdampfer! Einfach fantastisch! Als ich so alt war wie Philipp, gab's noch Röhrengeräte!

MAMA: Ach, ihr immer mit eurem Technik-Schnick-Schnack!

ANIKA: *(zeigt auf den Kinderwagen, ruft entsetzt)* He! Unser Baby isst die Fernsehzeitung!

PHILIP: Das macht nichts, es ist die von voriger Woche!

Lautes Babygeschrei. Mama springt auf, rennt zum Kinderwagen und reißt dem Baby die Zeitung aus den Patschepfötchen.

MAMA: Lisa! Das ist pfui! Muttu keine Zeitung essen! Pfui, pfui, pfui! *(beugt sich über den Kinderwagen und beschäftigt sich intensiv mit dem Baby, das nun aufhört zu schreien)*

PHILIP: *(setzt sich neben Papa auf die Couch)* Papa?

PAPA: *(ohne den Blick von der Glotze zu nehmen)* Hm?

PHILIP: Ich will nicht mehr in die Schule gehen!

PAPA: So? Wieso?

PHILIP: Jedesmal, wenn unsere Lehrerin nicht weiter weiß, fragt sie ausgerechnet mich.

PAPA: Das ist nicht fair. Ist sie denn **so** dumm?

PHILIP: Es geht.

PAPA: Was soll das heißen, es geht?

PHILIP: Na, sie weiß zum Beispiel nicht, dass El Salvador ein mexikanischer Stierkämpfer ist.

PAPA: Ist das denn nicht ein Land in Mittelamerika?

PHILIP: Ach, ihr habt euch abgesprochen! Genau **das** hat sie auch behauptet!

PAPA: El Salvador **ist** ein Land in Mittelamerika! Sag mal, äh, willst du eigentlich immer noch Stierkämpfer werden?

PHILIP: Ach nee, eigentlich nicht.

PAPA: *(erleichtert)* Du scheinst ja langsam vernünftig zu werden. Endlich hast du kapiert, dass Stierkämpfer kein Beruf für dich ist.

PHILIP: Nö, aber ich hab neulich im Sportstudio gesehen, dass die sich nach jedem Kampf duschen.

PAPA: So, hm, ja, das stimmt. Fußballer, Rennfahrer, Tennisspieler und Golfer tun das übrigens auch.

PHILIP: Echt?

PAPA: Was denkst du denn?

PHILIP: Das sagst du doch nur, um mich abzuschrecken. Unsere Lehrerin hat neulich gesagt, Wasser darf man nicht verschwenden, weil es teuer ist und immer kostbarer wird.

PAPA: Das stimmt. In der Dritten Welt gibt es schon heute kaum Wasser.

PHILIP: Dann könnte ich ja Stierkämpfer in der Dritten Welt werden!

PAPA: Philip, rede nicht so einen Quatsch, du nervst! Jetzt habe ich nicht gehört, was sie über den achtfachen Unterschnulzverdampfer am neuen Rumsteh-O-Mat gesagt haben!

PHILIP: Also, **muss** ich jetzt morgen wieder in die Schule?

PAPA: *(klopft sich auf die Schenkel)* Donnerwetter! Grünspanverzwicktes Außenthermometer mit zwölfstelliger Nullstellenzerbröselung, du hattest Recht!

PHILIP: Muss ich?

PAPA: Du musst doch wissen, ob du müssen musst oder nicht!

PHILIP: *(springt freudig auf und läuft aus dem Zimmer)* Ich muss nicht! Ich muss nicht! Ich muss nicht!

MAMA: *(mit lauter Stimme)* Schrei nicht so, das Baby schläft! *(lautes Babygeschrei)* Ich glaube, es muss!

ANIKA: *(setzt sich ebenfalls auf die Couch)* Mach doch mal den Rumsteh-O-Mat aus, Papa, und spiel etwas mit mir!

PAPA: Du musst jetzt ins Bett, Anika, es ist schon neun.

ANIKA: Warum muss **ich** immer so früh ins Bett?

PAPA: Weil du noch klein bist!

ANIKA: Glaubst du denn, ich wachse im Bett schneller?

PAPA: *(stöhnt)* Da haben wir uns was großgezogen!

ANIKA: *(empört)* Bis jetzt bin ich ganz von selbst gewachsen. Komm, Papa, wir spielen Reitturnier! Du bist mein schwarzer Wallach!

PAPA: **Was** bin ich?

ANIKA: Mein schwarzer Wallach!

PAPA: *(irritiert)* Weißt du eigentlich, was das ist: ein Wallach?

Das Baby schreit erneut und ohne Unterlass, und auch die Beutlers verständigen sich jetzt nur noch schreiend.

ANIKA: Ich erkläre es dir, wenn das Baby wieder schläft, Papa, das ist noch nichts für so kleine Kinderohren.

MAMA: *(aus dem Hintergrund)* Mach doch mal Lady Di an, Heinz!

PAPA: *(laut)* Ich schau mir gerade die Technik-Sendung an!

ANIKA: Los, nimm mich auf den Rücken, Papa!

PAPA: Es ist nicht zu glauben! Das Triebelbumpaphon hat eine gestalterische Halbwertzeit von einer Stunde bei 23 Grad Celsius!

PHILIP: *(stürmt wieder ins Zimmer und singt)* Ich muss nicht mehr zur Schule! Ich muss nicht mehr zur Schule! Ich muss nicht mehr zur Schule! *(ein Stuhl kippt um, Chips fliegen durch die Gegend)*

MAMA: Jetzt ist er übergeschnappt! Oh Gott, ich muss die Windeln wechseln! Heinz, kannst du mal die Lisa nehmen?

PAPA: Was?

MAMA: Zum Teufel, mach doch mal einer die verdammte Glotze aus!
Wo ist denn die Fernbedienung?

PAPA: Der neue Rumsteh-O-Mat braucht nicht einmal mehr eine Fernbedienung, Birgit! Er schaltet sich auf Zuruf automatisch um!

ANIKA: Ab!

PAPA: Um!

PHILIP: Ein!

MAMA: Aus! Aus!

Das Känguru

Personen

Mann

Känguru (dazu wird ein sportlicher großer Spieler gebraucht)

Polizist

Requisiten

Im Park

Dieser Mini-Sketch basiert auf einem Missverständnis, das sich aus dem Kontext ergibt: Wenn wir offenen Ohres durch den Alltag stolpern, werden wir dasselbe Muster bei vielen gewollten oder ungewollten Missverständnissen wiedererkennen.

Für den Sketch sollte das Känguru witzig ausgestattet werden.
Fantasie ist gefragt!

Ein Mann spaziert mit einem Känguru an der Hand durch den Park. Ein Polizist kommt hinzu, sieht den Mann mit dem Känguru, das artig neben diesem herhüpft, reibt sich die Augen, macht einen ganz langen Hals und kann offensichtlich nicht glauben, was sich da vor seinen Augen abspielt. Er nimmt seine Dienstmütze vom Kopf, wischt sich den Schweiß von der Stirn und geht auf die beiden zu.

POLIZIST: Sagen Sie, äh, ist das etwa ein Känguru?

MANN: Nein, ein Elefant!

POLIZIST: Mäßigen Sie sich in Ihrem Ton! Ich habe höflich gefragt und erwarte eine höfliche Antwort! Also: Ist das ein Känguru?

MANN: Ja.

POLIZIST: Wie kommen Sie denn in unserer Gegend an ein Känguru?

MANN: Ich habe es vorhin hier im Park gefunden.

POLIZIST: Hier im Park?

MANN: Ja.

POLIZIST: *(streng)* Wirklich?

MANN: Ja.

POLIZIST: Und jetzt?

MANN: Und jetzt gehe ich mit ihm spazieren! Was soll ich denn sonst mit ihm tun? *(das Känguru hat bisher brav neben dem Mann gestanden, nun wird es ihm langweilig und es beginnt auf der Stelle zu hopsen)* Ob es mal für kleine Kängurus muss?

POLIZIST: Was weiß ich! Ich kenne mich mit Kängurus auch nicht aus! *(streng)* Gehen Sie mit ihm in den Zoo! Das ist das Beste!

MANN: In den Zoo?

POLIZIST: *(ungeduldig)* Natürlich! Worauf warten Sie noch? Los, los!

Der Mann und das Känguru verlassen die Szene, der Polizist bleibt kopfschüttelnd stehen, rückt seine Mütze zurecht, blickt auf seine Armbanduhr und macht sich einige Notizen in ein kleines Heftchen, das er anschließend sorgfältig wieder verstaut. Dann geht er auf und ab und blickt kontrollierend um sich. Nach einer Weile taucht der Mann mit dem Känguru wieder auf. Der Polizist stutzt, zuckt zusammen und rennt auf die beiden zu.

POLIZIST: *(außer sich)* Ja, was machen Sie denn jetzt immer noch hier mit dem Tier? Habe ich Ihnen nicht gesagt, Sie sollen mit ihm in den Zoo gehen?

MANN: *(ruhig)* Da sind wir gerade gewesen, jetzt gehen wir ins Kino!

Letzte Hilfe

Personen

Arzt
Patient
Sprechstundenhilfe

Requisiten

Im Sprechzimmer des Arztes

Der Patient hat einen Sprachfehler: Er kann kein A aussprechen. Der Arzt hypnotisiert ihn. Am Ende passiert etwas völlig Unerwartetes.

Der Spieler, der diese Rolle übernimmt, sollte langsam und deutlich sprechen, damit der durch die Wortverstümmelung gegebene Sprachwitz von den Zuhörern verstanden und erfasst werden kann.

Der Arzt, weißer Kittel, Brille, üppige Perücke, sitzt im Behandlungszimmer am Schreibtisch und notiert etwas in seinen Terminkalender. Die Sprechstundenhilfe eilt zur Tür herein und reicht ihm eine Karteikarte, die der Arzt aber nicht weiter beachtet.

ARZT: Hocken da noch viele im Wartezimmer, Frau Haller? Ich muss heute etwas früher aus der Praxis! Donnerstag – Kegelabend, Sie wissen schon!

SPRECHSTUNDENHILFE: Nur noch einer, Herr Doktor. Hier ist die Karte!

ARZT: *(wirft einen kurzen Blick darauf, murmelt)* Hansen, Walter ... Sagt mir nichts. Rein mit ihm!

Die Sprechstundenhilfe verschwindet wieder, und kurze Zeit später betritt ein kleiner, untersetzter Mann im grauen Trenchcoat den Raum. Auf seiner Nase sitzt eine große Hornbrille mit dicken Gläsern. Den zerbeulten Hut nimmt er erst ab, nachdem er umständlich auf dem Stuhl, der vor dem Schreibtisch steht, Platz genommen hat. Nervös dreht er den Hut in seinen Händen und blickt den Arzt, der intensiv mit irgendwelchen Unterlagen beschäftigt ist, erwartungsvoll an, bevor er endlich den Mund aufmacht.

PATIENT: *(schüchtern)* Guten Tug, Herr Doktor, Hunsen ist mein Nume, Wulter Hunsen!

ARZT: *(blickt den Patienten interessiert an)* Wo fehlt's denn, Herr ... *(wirft einen schnellen Blick in die Karte)* ... Herr Hunsen?

PATIENT: Hunsen!

ARZT: Ja, ja. Also?

PATIENT: Nun, ich hube ein gewultiges Problem, Herr Doktor. Ich kunn nümlich kein U ussprechen.

ARZT: Was?

PATIENT: Schon seit meiner frühen Kindheit geht mir kein U über die Lippen!

ARZT: Kein U?

PATIENT: *(verzweifelt)* Nein, nein, kein Uuuuuhh!

ARZT *(runzelt die Stirn, schaut ihm tief in die Augen, steht auf und geht langsam um den Schreibtisch herum auf ihn zu)* Machen Sie mal den Mund auf! Ganz weit! *(der Patient reißt den Mund auf)* Und jetzt sagen Sie mal klar und deutlich Aahh!

PATIENT: Uuhh!

ARZT: *(genervt)* Sie sollen Aahh sagen! Los, Mann!

PATIENT: Uuuhhh!

ARZT: *(ungeduldig)* Aaahhh! Zum Donnerwetter! Aaahhh!

PATIENT: *(kläglich)* Dus hub ich doch gesugt.

ARZT: *(ratlos)* Seltsame Geschichte. Sie scheinen unter einer partiellen Artikulationsdysfunktion zu leiden.

PATIENT: Es belustet mich sehr, Herr Doktor!

ARZT: Wie bitte?

PATIENT: *(ärgerlich)* Dieser Spruchfehler ist für mich wirklich eine große Lust.

ARZT: Na, wenn's Ihnen auch noch Spaß macht, dann weiß ich nicht, was Sie hier suchen! Ich muss meine Zeit gut einteilen, ich bin ein vielbeschäftigter Arzt.

PATIENT: *(schüttelt heftigst den Kopf)* Ich empfinde keinen Spuß dabei, Herr Doktor! Im Gegenteil! Sie müssen mir helfen! Ich will endlich wie ein normuler Mensch sprechen!

ARZT: Beruhigen Sie sich, Herr Hunsen, äh, Hansen! Mal sehen, was sich machen lässt. *(fühlt den Puls)* Sie sind ja ganz aufgeregt!

PATIENT: Ju, mein Herz rust!

ARZT: *(wischt sich irritiert über den Kittel)* So, dann machen Sie sich mal frei!

PATIENT: Wus?

Der Patient erhebt sich, zieht umständlich Mantel, Jackett und Hemd aus und legt die Sachen sorgfältig über die Stuhllehne, während der Arzt ungeduldig mit dem Stethoskop in der Hand neben ihm wartet.

ARZT: *(ungeduldig)* Sie sollen sich ausziehen, Herr Hansen. Äh, nur oben herum, ich will Sie mal abhorchen.

PATIENT: Uhu! *(macht nun auch den Oberkörper frei)*

ARZT: *(horcht ihn mit dem Stethoskop ab)* Da rasselt's ja drin wie in einer alten Werkzeugkiste! Rauchen Sie?

PATIENT: Schon lunge nicht mehr!

ARZT: *(entsetzt)* Was? Sie haben keine Lunge mehr?

PATIENT: Doch, doch, ich meine, ich ruche schon lunge nicht mehr!

ARZT: *(seufzt)* Ich habe die Lungenzüge auch drangegeben! Hab's beim Kegeln gemerkt, geht auf die Kondition! Ziehen Sie sich wieder an! So kommen wir nicht weiter.

Der Patient kleidet sich hastig an und nimmt wieder Platz, während der Arzt nachdenklich auf und ab geht. Der Patient blickt schüchtern um sich und studiert mit großen Augen die Praxiseinrichtung. Trifft sich zufällig sein Blick mit dem des Arztes, zuckt er wie ertappt zusammen und hat das unbestimmte Bedürfnis, irgendetwas zu sagen, um das lähmende Schweigen zu brechen.

PATIENT: *(mit ungelenker Handbewegung auf den Arzt deutend)* Schöne Tupete!

ARZT: *(zuckt zusammen, fasst sich an den Kopf und lüpft kurz sein Toupet, um Fassung ringend)* Sie sind der erste, der es gemerkt hat. Hat mich ein Vermögen gekostet! *(nicht ohne Stolz)* Alles handverlesene Kamelhaare!

PATIENT: *(anerkennend)* Echte Huure!

ARZT: *(scharf)* Ich darf doch sehr bitten, ja?

PATIENT: Ich hube doch gur nichts getun.

ARZT: *(schreit ihn an)* Jetzt reden Sie endlich mal vernünftiges Deutsch, Mann! Das ist doch nicht normal! Ein erwachsener Mensch und so ein Gestummel, äh, Gestammel!

PATIENT: Uber dus ist es ju! Deswegen bin ich doch zu Ihnen gekommen! Sie müssen mir helfen!

ARZT: *(gequält)* Warum denn ausgerechnet ich? Es gibt in dieser Stadt achtundzwanzig Ärzte ...!

PATIENT: Ich bin schon bei den siebenundzwunzig underen gewesen, Herr Doktor. Sie sind meine letzte Hoffnung!

ARZT: *(sichtlich geschmeichelt)* Ich werde tun, was ich kann, mein lieber Hunsen ... Hansen, aber Sie müssen mir helfen!

PATIENT: Nutürlich! Sugen Sie mir, wus ich tun soll!

ARZT: *(mehr zu sich selbst)* Wenn ich das wüsste!

PATIENT: Bitte?

ARZT: *(steht auf und geht nachdenklich auf und ab)* Also, wissen Sie, ich, äh, ich habe es ja noch nie ausprobiert ...

PATIENT: *(voller freudiger Ungeduld)* Wus denn?

ARZT: *(langsam)* Äh, im ersten klinischen Semester auf der Universität, wissen Sie, da habe ich mal eine Vorlesung über Hypnose, transmediale Heilverfahren und diesen ganzen Quatsch ... äh ... und dieser Methoden mehr gehört ... *(baut sich vor dem Patienten auf, beugt sich zu ihm hinunter und schaut ihm tief in die Augen)* Sehen Sie mich an! Schauen Sie mir tief in die Augen! Sitzen Sie bequem! Weichen Sie mir nicht aus! Immer in die Augen schauen! So ist es gut!

PATIENT: *(rutscht immer tiefer, fällt fast vom Stuhl und lässt den Hut fallen)* Ju, ich tue ulles, wus Sie sugen! *(Blickt ihm starr in die Augen)*

ARZT: *(mit einschläfernder Stimme)* Stellen Sie sich jetzt vor, Sie befinden sich auf einer grünen, weiten, wundervollen Wiese! Über Ihnen ist nichts als der weite, blaue, schöne Himmel! Aus der Ferne ertönt der liebliche Gesang der niedlichen Wasserrohrschnepfe, Schmetterlinge umtanzen neckisch Ihr putziges Näschen –

PATIENT: Seit wunn huben Schmetterlinge Nusen?

ARZT: *(ärgerlich)* **Ihre** meine ich, nicht ... äh ... die von den Schmetterlingen doch nicht ... bringen Sie mich nicht durcheinander, Sie sollen sich konzentrieren, zum Teufel nochmal, so gibt das doch nichts! *(wieder mit säuselnder Stimme)* Also, Schmetterlinge umtanzen neckisch Ihr putziges Näschen, Glockenblumen schaukeln sacht im Wind, Rehlein hüpfen über die sonnendurchwärmte Lichtung, und die milde Frühlingsluft duftet nach – äh – verdammt, wonach duftet sie auch gleich? Nach Heu! Genau. *(änderte die Stimme)* Können Sie mich noch hören? Herr Hunsen? Herr Hunsen? Hören Sie mich noch?

PATIENT: Nein.

ARZT: Usgezeichnet! Es scheint zu kluppen! Hulten Sie jetzt für drei Sekunden den Utem un – und dunn sugen Sie gunz lut Uuuhhh! Eins, zwei, drei ...!

PATIENT: *(aus vollem Halse)* Aaahhhh! Aaaaahhhhh! Danke, Herr Doktor! Vielen, vielen Dank! *(springt auf, fällt dem Doktor um den Hals)* Geheilt! Ich bin geheilt! Aaahhh! Aaahhh! Sie haben es geschafft! Ich danke Ihnen! Aaaahhhh! Aaaahhhhh! Aaahhhh!

Er hebt seinen Hut auf und stürmt überglücklich aus dem Sprechzimmer, wobei er fast die zur Tür hereinkommende Sprechstundenhilfe über den Haufen rennt.

SPRECHSTUNDENHILFE: Herr Doktor! Ist alles in Ordnung? Ich habe Schreie gehört! Was ... was ... ist mit dem Patienten los?

ARZT: *(rückt sein Toupet zurecht und zupft nervös an seinem Kittel herum)* Keine Punik, Fru Huller, der Munn ist urg krunk. Ich kunn ihn uch nicht von seiner Lust befreien! Er scheint nun endgültig übergeschnuppt zu sein! Dus wur's für heute – jetzt freue ich mich uf die Kegelbuhn!

Die Sprechstundenhilfe verdreht die Augen und fällt mit einem tiefen Seufzer in Ohnmacht, während gleichzeitig das Licht ausgeht.

Der sprechende Hund

Personen | Requisiten

Mann
Frau
Hund

Hier geht es um einen genialen Hund, der sprechen kann. Dennoch ist sein Herrchen mit ihm nicht zufrieden und will ihn sogar verkaufen.

Den sprechenden Hund spielt ein Kind, das unter einem Hundekostüm steckt. Die Szene sollte gut ausagiert werden, sie lebt von Mimik, Gestik und Übertreibung.

Ein Mann, der einen Hund an der Leine führt, und eine Frau stehen beieinander und betrachten stumm den Hund. Während des folgenden Dialogs schaut der Hund immer ganz penetrant denjenigen an, der gerade spricht.

FRAU: So, so, das ist er also.

MANN: Ja, das ist unser Gottfried!

FRAU: Er sieht ja eigentlich wie ein ganz normaler Hund aus.

MANN: Naja, er ist ja auch ein ganz normaler Hund, nur dass er halt sprechen kann.

FRAU: *(skeptisch)* Ach, kommen Sie, das gibt es doch gar nicht!

MANN: Wie oft soll ich es Ihnen noch sagen: Gottfried **kann** sprechen!

FRAU: Ich gebe Ihnen dreihundert Mark für ihn – auch wenn er nur bellt. Das kann er doch ganz bestimmt, nicht wahr?

MANN: Natürlich, aber sprechen kann er auch! Sechshundert ist das Mindeste für einen sprechenden Hund!

FRAU: Sechshundert? Sind Sie verrückt? So viel Geld für diesen Zausel?

MANN: *(wendet sich achselzuckend ab)* Tja, dann nicht ...!

HUND: *(an der Leine zerrend)* Kauf mich! Bitte, bitte kauf mich!

FRAU: *(erschrocken)* Huch! Hat er etwa gerade gesprochen?

HUND: Kauf mich! Bitte, kauf mich! Mein Herrchen ist ein alter Geizhals! Er lässt mich unentwegt hungern, geht nie Gassi mit mir und spendiert mir nicht mal zu Weihnachten einen Knochen, obwohl ich der wertvollste, liebste und treueste Hund auf der Welt bin!

FRAU: *(fassungslos)* Tatsächlich! Er kann sprechen!

MANN: Das sag ich doch die ganze Zeit.

FRAU: Aber ... aber warum wollen Sie solch einen wunderbaren Hund verkaufen? Und dazu für lumpige sechshundert Mark?

MANN: *(schreit)* Weil er immer diese verdammten Lügenmärchen erzählt!

Willy und der Drachen

Personen

Requisiten

Wirtin
Bettler

Im Saloon
Putzeimer und Lappen

Ein Bettler holt sich eine Abfuhr bei einer Wirtin, einem barschen Mannweib. In der Wirtschaft, die „Willy und der Drachen“ heißt, führt sie ihr Regiment, bekommt aber am Ende doch noch ihr Fett weg.

Dieses Stück benötigt auch auf der Bühne etwas Ambiente und sollte gut vorbereitet werden. Der Erfolg hängt vom schauspielerischen Können der beiden Darsteller ab.

Ein Mann, der sehr heruntergekommen und verwahrlost aussieht, betritt einen Saloon im Wilden Westen. Über dem Tresen (oder über dem Eingang des Saloons) hängt ein Plakat, auf dem in großen Lettern geschrieben steht:

WILLY UND DER DRACHEN

Der Saloon ist menschenleer. Auf dem Tresen stehen Gläster und Flaschen herum. Der Bettler schaut sich suchend um und ruft schließlich mit kläglich leiser Stimme.

BETTLER: Hallo! *(nichts geschieht – er ruft lauter)*
Hallo! *(keine Reaktion – er ruft noch lauter)*
Ist da wer? Haaallloooo!

WIRTIN: *(aus dem Hintergrund, leicht nörgelig)* Komme ja schon, zum Teufel!

Eine recht monströse, üppige Dame erscheint. Sie trägt einen geblümten Kittel und ausgetretene Schlappen. In ihrem Haar stecken Lockenwickler. Sie mustert den Fremden mit mürrischem Blick, während sie einen Putzeimer auf den Tresen knallt, dass das Wasser nur so durch die Gegend schwappt.

WIRTIN: Was willst du? Es gibt noch nichts zu trinken!

BETTLER: Verzeihung, äh, ich ... ich ...

WIRTIN: *(unterbricht ihn barsch)* Nun red' schon! Ich hab zu tun, das siehst du doch!

BETTLER: Ich wollte nur fragen, ob Sie mir vielleicht etwas zu essen ...

WIRTIN: *(unwirsch)* Es gibt auch noch nichts zu essen!

BETTLER: Nur eine kleine milde Gabe für einen hungrigen Magen, Madam!

WIRTIN: *(schreit ihn an)* Ich hab' nichts zu essen, Mann!

BETTLER: *(hartnäckig und mutiger)* Oh, mir wäre auch mit ein paar Cents sehr gedient!

WIRTIN: Ich bin doch nicht die Heilsarmee, du Penner! Mach, dass du rauskommst!

Der Bettler wendet sich kopfschüttelnd ab. Die Frau wringt einen Aufnehmer aus und ruft ihm hinterher.

WIRTIN: Und lass dich hier bloß nicht mehr blicken!

BETTLER: *(schon fast draußen, dreht sich noch einmal um)* Äh, könnte ich jetzt ...

WIRTIN: *(stemmt drohend die Hände in die Hüften und schreit ihn mit schräg gelegtem Kopf an)* W a s ?

BETTLER: Könnte ich jetzt vielleicht mal mit **W i l l y** sprechen?

Morbus violina contactis

Personen

Arzt Dr. Lang
Mama Quack
Sohn Wolfgang Quack

Requisiten

im Behandlungszimmer
beim praktischen Arzt

Die dominante Mutter mit ihrem musikalischen „Wunderknaben“ gerät ausgerechnet an den Arzt, der sich als Nachbar vom Violinspiel des Kindes genervt fühlt und jetzt seine Chance gekommen sieht, dieses Ärgernis ein für allemal zu beseitigen.

Wolfgang ist der Prototyp des untergebutterten Kindes, seine Rolle beschränkt sich auf das „Ich muss mal!“

Frau Quack und Sohn Wolfgang sitzen im Behandlungszimmer einer Arztpraxis. Beide starren schweigend vor sich hin. Wolfgang langweilt sich und schaukelt auf seinem Stuhl.

MAMA QUACK: Lass das, Wolfgang! Gleich kippst du mit dem Stuhl um! Und gib Acht auf den Finger!

WOLFGANG: Wie lange dauert es denn noch?

MAMA QUACK: Der Doktor wird gleich kommen! Sitz ruhig!

WOLFGANG: Ich muss mal!

MAMA QUACK: Jetzt nicht, Wolfgang! Warte, bis wir daheim sind.

Dr. Lang, weißer Kittel, Instrumente um den Hals und in der Kitteltasche, betritt eiligen Schrittes das Zimmer. Ohne die beiden auch nur eines Blickes zu würdigen, macht er sich an seinem Schreitbisch zu schaffen.

DR. LANG: *(entdeckt endlich seine Patienten)* Aha, aha, wen haben wir denn da?

MAMA QUACK: *(freundlich)* Quack!

DR. LANG: *(ohne aufzusehen)* Der Tierarzt ist eine Straße weiter.

MAMA QUACK: Quack – mein Name ist Quack! Und das ist mein Sohn Wolfgang.

DR. LANG: *(blickt die beiden irritiert an, erhebt sich und tritt näher)* Aha, aha, na, dann sind Sie bei mir richtig, haha! Ich bin übrigens heute die, äh, Sprechstundenvertretung, äh, mein Name ist Lang.

MAMA QUACK: Das macht nichts, wir haben Zeit.

DR. LANG: D o k t o r Lang! *(Nimmt die Karteikarte, die auf einem Tisch liegt, studiert sie intensiv, stutzt, betrachtet Mutter und Sohn nun sehr interessiert)* Aha, aha, tatsächlich Frau Quack, wohnhaft Mozartstraße 19! Donnerwetter! Nun? Wo drückt denn der Schuh?

MAMA QUACK: *(deutet auf Wolfgang)* An seinem Finger, Herr Doktor.

DR. LANG: Wie?

MAMA QUACK: Wolfgang hat wahrscheinlich einen Splitter im Finger.

DR. LANG: Hat er sich am Kopf gekratzt?

MAMA QUACK: Nein, seinem Kopf fehlt nichts. Aber mit dem Finger kann er nicht geigen.

DR. LANG: *(seufzt aus tiefem Herzen und bekommt einen fürchterlichen Hustenanfall, fängt sich aber schnell wieder und spricht von nun an mit leicht hysterischem Unterton in der Stimme)* Donnerwetter! Er geigt mit dem Finger?

MAMA QUACK: Nicht direkt ...

DR. LANG: Was, äh, was spielt er denn so?

MAMA QUACK: Wolfgang macht hauptsächlich spiritistische Musik.

DR. LANG: Wie bitte? Spiritistische Musik?

MAMA QUACK: Ja. Immer wenn er anfängt zu spielen, klopft es an der Wand.

DR. LANG: Aha, aha, ja, ja! Na, dann wollen wir uns den schlimmen Finger mal anschauen! Zeig her! Welcher ist es denn?

Wolfgang hält ihm die linke Hand hin und zeigt ihm sehr deutlich den Stinkefinger.

DR. LANG: *(leicht irritiert)* He, he, äh, aha, aha! *(Zieht eine Lupe aus der Kitteltasche und inspiziert gründlich den Mittelfinger)* Hm, aha, aha, oje! Auweia! Ach, du liebes Lottchen!

MAMA QUACK: *(besorgt)* Ist es denn so schlimm?

DR. LANG: Tja, Frau Quack ...!

MAMA QUACK: So reden Sie schon, Herr Doktor!

DR. LANG: *(lässt die Hand des Jungen los und wendet sich mit ernster Miene an Frau Quack)* Ich fürchte, er wird nie wieder eine Geige anfasssen können.

MAMA QUACK: Was?

WOLFGANG: Ich muss mal!

MAMA QUACK: Sein Lehrer hält ihn für das größte Talent seit ...

DR. LANG: Mozart?

MAMA QUACK: Es hat sich offensichtlich schon herumgesprochen – ja, seit Mozart. Was ... was ist denn nun mit seinem Finger?

DR. LANG: *(packt brutal Wolfgangs Hand und zerrt sie unter die Nase von Frau Quack)* Schauen Sie! Da ist kein Splitter!

MAMA QUACK: Nein? Was denn?

DR. LANG: Das ist ein klarer Fall von Geigenhalskontaktallergie – morbus violina contactis!

WOLFGANG: Aua!

MAMA QUACK: Morbus wie ...?

DR. LANG: *(brüllt)* Violina contactis!

MAMA QUACK: *(mit tränenerstickter Stimme)* Und ... und was ... was können wir dagegen tun, Herr Doktor?

DR. LANG: *(geht nachdenklich auf und ab)* Es gibt nur zwei Möglichkeiten, gute Frau, leider! Die Krankheit ist einfach schon zu weit fortgeschritten.

MAMA QUACK: Wie soll ich das verstehen?

DR. LANG: *(leicht gequält)* Indem Sie die Öhrchen spitzen und zuhören!

WOLFGANG: Ich muss mal, Mama!

MAMA QUACK: Welche beiden Möglichkeiten sind das, Herr Doktor?

DR. LANG: Die eine wäre, den Finger, äh, sofort zu – entfernen.

MAMA QUACK: *(schreit auf)* Nein!

DR. LANG: Die andere besteht darin, die Geige sofort, hören Sie: **sofort** zu verbrennen!

MAMA QUACK: Aber wenn er keine Geige mehr hat, kann er ja auch nicht mehr darauf spielen ...

DR. LANG: *(sachlich)* Also Finger ab!

MAMA QUACK: Aber wenn der Finger fehlt, kann er ja **auch** nicht mehr spielen ...

DR. LANG: Sie begreifen sehr schnell, Frau Quack! Das Geniale muss der Kleine von Ihnen haben. Nun, was machen wir: Finger oder Geige?

MAMA QUACK: Also, das müsste ich zuerst mit meinem Mann besprechen ...!

DR. LANG: *(leicht panisch)* Ach liebe Frau Quack, äh, wollen wir die Entscheidung nicht Wolfgang überlassen? *(reißt den Kleinen an seiner Jacke vom Stuhl)* Na, du kleine Nervensäge, soll ich dir jetzt den Stinkefinger abschneiden oder wollen wir lieber die Geige verbrennen?

WOLFGANG: *(weinerlich)* Ich muss mal!

MAMA QUACK: *(reißt ihren Sohn an sich und drückt ihn an die Brust)* Er wird dir schon nichts abschneiden, Junge!

DR. LANG: *(hoffnungsvoll)* Also verbrennen wir die verdammte Geige?

MAMA QUACK: *(entschieden)* Nein, das will gut überlegt sein. Komm Wolfi, wir gehen! Sie hören von uns!

Wolfgang klemmt die Beine zusammen beim Gehen, man sieht ihm seine Not an.

DR. LANG: *(tobt hysterisch schreiend durch die Praxis)* Ja, ja, ja! Das ist es ja! Ich **höre** von Ihnen! Täglich von drei bis acht und sonntags von zehn bis fünf höre ich von Ihnen! Ich wohne nämlich neben Ihnen – Mozartstraße 17!

Kreuzworträtsel

Personen
Requisiten

Nadja
Leonhard

Am Strand oder im Schwimmbad
Luftmatratze, Liegestuhl, Getränk, Sonnenschirm, Rätselzeitschrift

Englisch sprechen ist nicht schwer, es schreiben doch dagegen sehr ...
Nadja löst Kreuzworträtsel und möchte, dass Leonhard ihr dabei hilft. Weiß er nicht weiter, ist er in seiner Ehre gekränkt. Deshalb zielt sein ganzes Bemühen darauf, immer eine Lösung zu finden.
In der Übertreibung von Mimik, Gestik und Artikulation liegt der besondere Reiz dieses Sketches.

Nadja und Leonhard lümmeln sich im Badedress am Strand oder im Schwimmbad. Leonhard im Liegestuhl döst vor sich hin und nimmt ab und zu einen Schluck aus einer Cola-Dose. Nadja hockt auf einem Campingstuhl; starrt in eine Zeitschrift und kaut gedankenverloren an einem Kugelschreiber. Ab und zu schreibt sie etwas in die Zeitschrift. Nach einer Weile wendet sie sich an Leonhard ohne dabei aufzublicken.

NADJA: Leonhard?

LEONHARD: Hm.

NADJA: Hör mal, waagerecht, fünf Buchstaben ...

LEONHARD: *(verschlafen)* Was?

NADJA: Fünf Buchstaben!

LEONHARD: *(dreht sich zu ihr, nimmt einen Schluck Cola)* Ja, ja, fünf Buchstaben. Weiter!

NADJA: *(vor sich hinmurmelnd)* Ringsum von Wasser umgeben ...

LEONHARD: *(wie aus der Pistole geschossen)* Ibiza!

NADJA: Ibiza?

LEONHARD: Klar!

NADJA: *(schaut noch einmal genau hin)* Nä! Muss irgendwas mit Pinsel sein!

LEONHARD: *(jetzt hellwach)* Mit Pinsel?

NADJA: Ja.

LEONHARD: *(entschieden)* Juist!

NADJA: *(ungläubig, gedehnt)* Juist?

LEONHARD: *(ungeduldig)* Da gibt es doch diese Künstlerkolonie, du weißt schon, so ein Malernest!

NADJA: *(schaut in ihr Heft)* Das kann nicht, Leonhard! Da passt aber auch gar nichts!

LEONHARD: *(ärgerlich)* Wie, da passt gar nichts!? Zeig mal! Wo ist es? *(sie reicht ihm die Zeitschrift, er schaut kurz hinein)* Aha, waagerecht, fünf Buchstaben, ringsum von Wasser umgeben, reimt sich auf **Pinsel**! R e i m t sich auf Pinsel, Nadja! Warum sagst du das denn nicht gleich?

NADJA: Hab ich doch.

LEONHARD: Hast du nicht!

NADJA: *(beleidigt)* Hab ich wohl!

LEONHARD: *(richtet sich auf)* Du hast gesagt, es müsse irgendetwas mit Pinsel sein. **Irgendetwas!** Von einem Reim war nicht die Rede. Wie soll ich dir helfen, Nadja, wenn du dich immer so ... so ungenau ausdrückst?

NADJA: Was heißt hier **immer**?

LEONHARD: Na ja, aber oft. Ich weiß manchmal einfach nicht, was du von mir willst.

NADJA: *(reißt ihm die Zeitschrift aus der Hand, wütend)* Ach, gib schon her!

LEONHARD: Du hättest mir doch nur den Text vollständig vorlesen müssen!

NADJA: *(hat sich wieder beruhigt)* Ist ja gut, Leonhard. Du ärgerst dich doch nur, dass du's nicht weißt.

LEONHARD: *(empört)* Ich? Quatsch!

NADJA: *(ruhig)* Leonhard! Ich kenne dich doch!

In dem Maße, in dem Nadja nun immer ruhiger und gelassener wird, reagiert Leonhard immer hektischer.

LEONHARD: Du?

NADJA: Ich!

LEONHARD: Mich?

NADJA: Dich!

LEONHARD: Pah!

NADJA: Ist doch nicht schlimm, wenn man mal etwas nicht weiß, Leonhard! Sei doch nicht so verkniffen!

LEONHARD: Was soll ich nicht wissen?

NADJA: *(seufzend)* Waagerecht, fünf Buchstaben, ringsum von Wasser umgeben, und reimt sich auf Pinsel!

LEONHARD: Ach, Mensch, Nadja! Verschone mich in Zukunft bitte mit deinen saublöden Kreuzworträtseln! Die sind doch was für Hirnampu ... *(er unterbricht sich, reißt ihr die Zeitschrift aus der Hand und fährt triumphierend fort)* Moment, Augenblick mal! Äh, vor Schottland, nicht, da gibt es doch diese ... diese Isle of Winsl ...

NADJA: *(gedehnt)* Winsel *(zählt an den Fingern)* W – I – N – S – E – L ! Nä, geht nicht, sind sechs Buchstaben!

LEONHARD: *(zählt ihr das Wort aufgeregt an einer Hand vor)* Das ist Englisch, Nadja! Englisch, schau her: W – I – N – S – L ! Fünf Buchstaben! *(stolz)* Reimt sich auf Pinsel! Passt!

NADJA: *freudig, versöhnlich und ohne Ironie)* Leonhard! Du bist einfach genial! Ich liebe dich!

Tag der offenen Tür

Personen

Frau Schäflein, Lehrerin
Irmchen
Paul
Nora
Britta
Swen
Ben
und beliebig viele weitere Schüler

Requisiten

Klassenzimmereinrichtung

Unterricht von Feuerzangenbowlen-qualität, das macht Spielern und Zuschauern jeder Altersgruppe Spaß. Wer mag, kann die Szenen noch um eigene Ideen erweitern. Wesentlich ist ein spritziger Vortrag, der von saftigen Übertreibungen im Spiel lebt.

Aktion, volles Rohr!

Die Schüler sitzen an ihren Tischen und sind intensiv damit beschäftigt, etwas in ihre Hefte zu schreiben. Frau Schäflein spaziert mit kritischem Blick durch die Reihen und schaut hier und da einem der Kinder über die Schulter. Schließlich bleibt sie auch bei Irmchen stehen und schaut auf ihr Heft.

SCHÄFLEIN: Prima, Irmchen! Deine Rechtschreibung wird langsam besser – nur dreizehn Fehler!

IRMCHEN: *(erfreut)* Echt? Eye, super!

SCHÄFLEIN: Dann lass mich jetzt mal den zweiten Satz durchsehen!

IRMCHEN: *(mault)* Oh, Mann, eye, nä, lieber nicht!

SCHÄFLEIN: *(streng)* Sprich bitte im ganzen Satz und in vernünftigem Deutsch! Und jetzt zeig her. Ihr wisst, dass wir am Samstag einen Tag der offenen Tür haben! Da wollen wir euren Eltern einmal zeigen, was wir schon alles können – und dann werdet ihr auch eure Aufsätze vorlesen!

IRMCHEN: Tag der **was**?

SCHÄFLEIN: Der offenen Tür!

IRMCHEN: Dürfen wir dann unsere Mäntel anbehalten?

SCHÄFLEIN: Wie bitte?

IRMCHEN: Wenn die Tür aufsteht, ist es kalt. Heute morgen war unser Teich schon zugefroren ...

SCHÄFLEIN: Irmchen! Die Tür steht an diesem Tag nicht auf!

IRMCHEN: Aber Sie haben gerade gesagt, es ist ein Tag der offenen Tür!

SCHÄFLEIN Irmchen, das heißt nur, dass keine Tür verschlossen ist und jeder uns besuchen kann!

IRMCHEN: Jeder?

SCHÄFLEIN: Ja.

IRMCHEN: Auch Frau Kaspari?

SCHÄFLEIN: Frau Kaspari? Ich kenne keine Frau Kaspari.

IRMCHEN: Da können Sie aber froh sein, Frau Schäflein! Meine Mama hat gesagt, Frau Kaspari ist geizig und mein Vater sagt, sie hat ein richtiges Arschbackengesicht!

SCHÄFLEIN: *(empört)* Irmchen! So etwas sagt man nicht! Auch nicht über, äh, Frau Kaspari!

IRMCHEN: Aber Sie kennen doch Frau Kaspari gar nicht! Sie hat wirklich ein richtiges A ...

SCHÄFLEIN: Genug jetzt, Irmchen! Schreib weiter: Tiere als Vorbilder der Menschen – los, los!

IRMCHEN: Ich weiß ja nicht, ob ich mein Meerschweinchen oder meinen Hamster nehmen soll!

SCHÄFLEIN: *(ungeduldig)* Aber du hast doch schon mit Hansi Hamster angefangen, jetzt denk nach, warum er für dich ein Vorbild ist!

Britta spielt unterdessen im Hintergrund den Clown. Sie hampelt auf ihrem Platz herum, streckt allen die Zunge heraus und stellt sich einen Joghurt-Becher auf den Kopf – Frau Schäflein eilt zu ihr.

SCHÄFLEIN: *(scharf)* Was soll der Unsinn, Britta? Nimm den Joghurt herunter!

BRITTA: Meine Oma hat gesagt, Joghurt bleibt länger frisch, wenn man ihn auf den Kopf stellt.

SCHÄFLEIN: Ich habe gesagt, du sollst den Unsinn lassen! Bist **du** hier die Lehrerin?

BRITTA: Nein.

SCHÄFLEIN: Na also! Dann brauchst du dich auch nicht wie ein Narrenkasper zu benehmen! *(Ben lacht laut)* Ruhe, Ben! Schreib weiter! Äh, worüber schreibst du denn?

BEN: Über den Elefanten!

SCHÄFLEIN: Ja, das ist ein kluges und starkes Tier, ein echtes Vorbild für den Menschen!

BEN: Ja, er hat ein dickes Fell und sechs Beine, damit kann er alles platt machen!

SCHÄFLEIN: Also, Benny, das ist aber nicht nachahmenswert – alles platt machen! Äh, wie kommst du überhaupt darauf, dass der Elefant sechs Beine hat?

BEN: Na, vorne zwei und hinten zwei und oben dran zwei Elfenbeine!

SCHÄFLEIN: Du liest am Tag der offenen Tür deinen Aufsatz besser nicht vor! Du ... könntest statt dessen vielleicht an der Tafel etwas vorrechnen!

BEN: Sie verwechseln mich, Frau Schäflein! Rechnen kann ich noch schlechter als schreiben. In der letzten Arbeit konnte ich noch nicht mal drei Zahlen richtig zusammenzählen.

SCHÄFLEIN: *(schimpft)* Benny! Du kannst doch addieren! *(freundlicher)* Pass auf! Welches sind deine Lieblingszahlen, na?

BEN: *(nach einigem Grübeln)* 731, 220, 59 und 148!

SCHÄFLEIN: Gut! Und jetzt möchte ich, dass du deine Lieblingszahlen zusammenzählst!

BEN: *(sackt auf seinem Stuhl zusammen, kleinlaut)* Äh, hm, ich glaube, die Zahlen, die ich **wirklich** mag, sind zwei und zwei!

SCHÄFLEIN: *(fasst sich an den Kopf)* Zwei und zwei? *(Paul zeigt auf, sie nimmt ihn dran)*

PAUL: *(fragend)* Vier?

SCHÄFLEIN: *(irritiert)* Was?

PAUL: Nicht vier? Tut mir leid, ich glaube, ich kann das mit dem Zusammenzählen und Abziehen auch noch nicht richtig!

BRITTA: *(laut)* Du kannst nicht abziehen? Was habt ihr denn daheim für ein Klo?

SCHÄFLEIN: *(verzweifelt)* Ruhe! *(wendet sich wieder Paul zu)* Paulchen, wie viele Finger hast du?

PAUL: *(sieht kurz nach)* Na, zehn!

SCHÄFLEIN: So! Und wenn nun plötzlich einer weg wäre, was hättest du dann?

PAUL: *(triumphierend)* Keine Klavierstunden mehr!

SCHÄFLEIN: Das ist ja nicht zu ertragen! Ich bin am Tag der offenen Tür krank! Diese Klasse kann ich doch niemandem zeigen! Da springen am Ende alle unsere Gäste schreiend aus dem Fenster!

IRMCHEN: *(begeistert)* Frau Kaspari auch?

SCHÄFLEIN: *(matt)* Schreib deine Hamstergeschichte, Irmchen, bitte.

SWEN: *(hat sich heftig gemeldet und kommt jetzt dran)* Kann ich denn nicht am Tag der offenen Hose rechnen? Mir fällt kein Tier ein!

SCHÄFLEIN: **Was** hast du gerade gesagt?

SWEN: Ob ich am Tag der offenen Hose rechnen kann! Es fällt mir kein Tier ein!

SCHÄFLEIN: *(erschöpft)* Der offenen Tür, Swen, nicht Hose. Tür!

SWEN: Tür?

SCHÄFLEIN: Tür.

SWEN: Warum muss die dann den ganzen Tag offen stehen? Das wird aber kräftig ziehen!

SCHÄFLEIN: *(mit Engelsgeduld)* Dann drehst du dich einfach rum, dann drückt es! *(gefasst)* Ist denn schon jemand mit dem Aufsatz fertig? Nora?

NORA: Ja, fast.

SCHÄFLEIN: *(setzt sich erschöpft ans Pult)* Lies vor, Nora. Die anderen hören zu.

NORA: *(liest)* Ein wunderschönes Vorbild. Ein wunderschönes Vorbild für die Menschen ist die Ameise. Jeden Tag steht die Ameise pünktlich auf. Die Ameise geht jeden Tag zur Arbeit und ist sehr fleißig. Sie macht große Haufen und wuselt kreuz und quer darin herum. Am Abend geht sie müde nach Hause und dann ...

BEN: *(ergänzt eifrig)* ... tritt jemand auf sie drauf und macht sie platt! *(Nora beginnt zu heulen)*

SCHÄFLEIN: Zum Donnerwetter, Ben! Du sollst nicht immer dazwischen quatschen. Jetzt weint Nora.

BEN: Dann hat meine Mutter ja recht.

SCHÄFLEIN: Inwiefern?

BEN: Sie hat gesagt, ich brauche nur den Mund aufzumachen, dann ist es schon zum Heulen.

SCHÄFLEIN: Hast du eigentlich noch Geschwister, Benny?

BEN: Nein.

SCHÄFLEIN: Gott sei Dank.

BEN: Aber zwei Brüder!

SCHÄFLEIN: *(verzweifelt)* Oh Gott! Was soll ich mit euch am Tag der offenen Tür bloß machen?

PAUL: Wir schließen von innen ab und singen!

SWEN: Und hängen von außen ein Schild an die Tür: Geschlossene Gesellschaft!

SCHÄFLEIN: Geschlossene Anstalt würde besser passen!

NORA: *(zeigt schon die ganze Zeit brav auf und wird jetzt von Frau Schäflein aufgerufen)* Warum machen wir am Tag der offenen Tür nicht einfach gaaanz normalen Unterricht wie jetzt auch und den Eltern erzählen wir, dass das einer von diesen komischen Sketchen ist, die bei solchen Gelegenheiten immer aufgeführt werden?

SCHÄFLEIN: *(verschwörerisch)* Das ist **die** Idee, Leute – aber wehe, wenn das einer von euch zu Hause ausplaudert!

Elternsprechtag

Personen

Lehrer Bömmel
Frau Rübsal

Requisiten

Klassenzimmereinrichtung

Eine Mutter beschwert sich beim Lehrer ihrer Tochter über den Inhalt des Unterrichts. Haarsträubendes muss Lehrer Bömmel den Kindern beigebracht haben! Sogar an der Tafel hat der Blödsinn gestanden.
Lehrer Bömmel nimmt die Kritik mit erstaunlicher Gelassenheit und pariert mit Humor. Am Schluss nimmt das Gespräch eine unerwartete Wendung.

Im Klassenraum. Lehrer Bömmel sitzt am Lehrerpult und liest Zeitung. Nach einer Weile klopft es an der Tür. Bömmel zeigt keine Reaktion. Es klopft lauter. Bömmel lässt seufzend die Zeitung sinken.

BÖMMEL: *(laut)* Ja!

RÜBSAL: *(steckt den Kopf durch den Türspalt)* Verzeihung, äh, unterrichten Sie vielleicht eines meiner Kinder? *(betritt vorsichtig den Raum)*

BÖMMEL: Wie heißen Sie denn?

RÜBSAL: Ralf und Johanna.

BÖMMEL: Wie Sie mit Nachnamen heißen!

RÜBSAL: Sie sind alle aus erster Ehe und heißen genauso wie mein Mann und ich.

BÖMMEL: *(unwirsch)* Ja, wie **ist** denn Ihr Name? Was glauben Sie, wie viele Ralfs und Johannas wir an dieser Schule haben?

RÜBSAL: Rübsal ist mein Name!

BÖMMEL: *(erhebt sich, gibt ihr die Hand)* Bömmel!

RÜBSAL: Rübsal!

BÖMMEL: Sie müssen dann die Mutter von Johanna Rübsal sein. Ich unterrichte sie in Geschichte. Nehmen Sie doch bitte Platz. *(kramt in seiner Tasche nach seinem Notenbuch, während Frau Rübsal sich vor dem Pult auf einen Stuhl setzt)*

RÜBSAL: *(räuspert sich)* Dann waren Sie es, Herr Bömmel, der den Kindern beigebracht hat, Kolumbus habe 1848 Borkum entdeckt?

BÖMMEL: 1848? Habe **ich** das gesagt?

RÜBSAL: Es hat sogar an der Tafel gestanden.

BÖMMEL: Ich muss das mit der Landung des ersten Menschen auf dem Mond verwechselt haben.

RÜBSAL: Hören Sie, das war 1492!

BÖMMEL: Was? Aber da gab es doch noch gar keine Astronauten!

RÜBSAL: Nein, Kolumbus hat nicht 1848, sondern 1492 den neuen Kontinent entdeckt!

BÖMMEL: Ach, auf die paar Jahre kommt es doch nicht an. Unser Universum existiert schon seit zwölf Milliarden Jahren – stellen Sie sich das einmal vor! 1848 oder 1492, was macht das da schon für einen Unterschied! Und, äh, unter uns, Frau Rübsal: Borkum ist kein Kontinent!

RÜBSAL: Herr Kolumbus hat ja auch nicht Borkum entdeckt!

BÖMMEL: Nicht?

RÜBSAL: Nein, das war Amerika!

BÖMMEL: Ach, Amerika hat Borkum entdeckt? Ich sag ja immer: Man wird alt wie'ne Kuh und lernt immer noch dazu. Haha, Haha!

RÜBSAL: Kolumbus hat 1492 Amerika entdeckt!

BÖMMEL: *(lehnt sich zurück)* Sehen Sie, Frau Rübsal, das macht die Geschichte so spannend: Der eine entdeckt dies, der andere das, und ohne die Entdeckung des einen wäre die Entdeckung des anderen nicht möglich gewesen.

RÜBSAL: *(hat ihm mit offenem Mund zugehört und riskiert einen weiteren Vorstoß)* Aber Herr Kolumbus hat ganz bestimmt **nicht** das Ei erfunden!

BÖMMEL: Sollte er?

RÜBSAL: Das hat **auch** an der Tafel gestanden! Ich kann Ihnen Johannas Heft zeigen!

BÖMMEL: *(winkt ab)* Ich kenne das Heft Ihrer Tochter. Eine einzige Katastrophe! Schon diese Handschrift! Als sei ein Huhn durch eine Tintenpfütze und dann über die Seiten gelaufen.

RÜBSAL: *(beleidigt)* Johanna schreibt genauso wie ich. Meine Lehrerin hat meine Handschrift immer gelobt!

BÖMMEL: Ja, und Johanna verprügelt auch ihren kleinen Bruder genauso oft wie Sie Ihren Mann!

RÜBSAL: *(empört)* Das ist ja unerhört! Wie können Sie so etwas sagen?

BÖMMEL: *(gelassen)* Hören Sie, Frau Rübsal, wenn Sie künftig nicht alles glauben, was die Kinder aus der Schule erzählen, dann glaube ich auch nicht mehr alles, was die Kinder in der Schule von zu Hause erzählen!

Zeugnistag

Personen
Requisiten

Papa
Maximilian

wahlweise natürlich auch:
Mama
Finchen

zu Hause im Wohnzimmer

Zeugnisse sind eine Quelle vieler Witze und Sketche.
Der Sohn (die Tochter) bringt ein schlechtes Zeugnis nach Hause, ein Elternteil soll unterschreiben.
Während dieser Prozedur erfreuen sich die Zuschauer der eingestreuten Gags.
Die Unterschrift des Vaters muss den Zuschauern sehr deutlich werden. Max könnte das Blatt in den Zuschauerraum zeigen: „Schaut euch das an!"

Papa sitzt am Wohnzimmertisch und löst ein Kreuzworträtsel. Max kommt herein und knallt seinen Schulranzen in die Ecke.

PAPA: He, he, nicht so stürmisch, Max!

MAXIMILIAN: Ach, ich bin stinksauer!

PAPA: So? Warum?

MAXIMILIAN: Na, weißt du denn nicht, was heute für ein Tag ist?

PAPA: Nö. Weltuntergang?

MAXIMILIAN: Ja, so ähnlich. Zeugnistag.

PAPA: Soll das heißen, du hast ein schlechtes Zeugnis bekommen?

MAXIMILIAN: Eigentlich wollte ich es dem Bastian mitgeben.

PAPA: Warum denn das?

MAXIMILIAN: Damit seine Eltern sich mal so richtig erschrecken!

PAPA: Los, zeig her!

Maximilian kramt umständlich das Zeugnis aus der Schultasche und reicht es ängstlich seinem Vater. Der schaut sich die Bescherung kurz an.

PAPA: *(schimpft)* Für so ein Zeugnis müsste es eigentlich eine Tracht Prügel geben!

MAXIMILIAN: *(begeistert)* Au ja, Papa! Ich bin sofort dabei! Ich weiß auch, wo der Lehrer wohnt!

PAPA: **Du** hättest die Prügel verdient, nicht dein Lehrer! Jetzt musst du die Klasse noch einmal wiederholen!

MAXIMILIAN: Ich bin aber nicht der einzige!

PAPA: Aha, so?

MAXIMILIAN: Ja, Herr Möller hat gesagt, mit dem, was ich nicht weiß, können noch drei andere sitzenbleiben.

PAPA: So, hat er das gesagt?

MAXIMILIAN: Glaubst du mir etwa nicht?

PAPA: *(seufzt)* Doch, doch, Mäxchen, aufs Wort! Ach, und ich hatte mir zum Geburtstag von dir nichts anderes als ein halbwegs anständiges Zeugnis gewünscht!

MAXIMILIAN: Ich habe dir eh schon einen Salzstangenhalter aus echtem Styropor geschnitzt, Papa, das ist doch auch ein schönes Geschenk – oder?

PAPA: Ja, sehr schön.

MAXIMILIAN: Siehst du! Du musst das Zeugnis aber noch unterschreiben, Papa.

Papa macht für die Zuschauer gut sichtbar drei Kreuze unter das Zeugnis und gibt es seinem Sohne seufzend zurück.

PAPA: Da!

MAXIMILIAN: *(starrt entgeistert auf die drei Kreuze)* He, Paps, was soll das denn? Wieso hast du unter das Zeugnis drei Kreuze gemacht?

PAPA: *(ruhig, gedehnt)* Ich möchte nicht, Maximilian, dass man in deiner Schule denkt, jemand mit so einem Zeugnis hat Eltern, die tatsächlich lesen und schreiben können!

Berufsrisiko

Personen

Papagei
Einbrecher

Requisiten

dunkle Bühne
Taschenlampe
Plüschpapagei auf Stange

Ein Einbrecher erlebt eine böse Überraschung, als er eines Nachts bei seiner „Arbeit“ von einem hellwachen Federvieh namens Augustus auf frischer Tat ertappt wird ...

Die finalen Geräusche dürfen vom Band eingespielt werden.

Bühne und Zuschauerraum bleiben während der gesamten Spieldauer des Sketches in möglichst vollständige Dunkelheit gehüllt. Eine Weile ist nichts zu hören und zu sehen, dann ertönt plötzlich ein dumpfes Poltern und kurz darauf ist das Klirren einer zerbrechenden Glasscheibe zu hören. Der Strahl einer Taschenlampe zuckt ziellos durch den Raum, und der Einbrecher tapst schemenhaft und mehr oder weniger lautlos über die Bühne. Wenn nun aus der Dunkelheit eine helle Stimme ertönt, schaltet er die Taschenlampe sofort aus und bleibt reglos stehen.

STIMME: Ich sehe dich!

EINBRECHER: *(ängstlich)* Oh, äh ...

STIMME: Ich sehe dich! Und Jesus sieht dich auch!

Der Einbrecher steht wie erstarrt reglos da, nur sein keuchender Atem ist zu hören.

STIMME: Na?

EINBRECHER: *(leise)* Hallo?

STIMME: Ich sehe dich! Und Jesus sieht dich auch!

EINBRECHER: *(etwas mutiger)* Wer ... wer ist denn da?

STIMME: Ich sehe dich! Und Jesus sieht dich auch!

Der Einbrecher schaltet die Taschenlampe wieder ein, lässt den Lichtkegel wandern und beleuchtet schließlich einen Papagei, der friedlich auf seiner Stange hockt. Der Einbrecher wischt sich den Schweiß von der Stirn und räuspert sich.

EINBRECHER: *(erleichtert)* Ein Papagei! Gott sei Dank!

STIMME: Ich sehe dich ...

EINBRECHER: Ja, ich weiß! Und Jesus sieht mich auch! Sag mal, Kleiner, wie heißt du denn?

STIMME: Augustus!

EINBRECHER: Das ist aber ein komischer Name für einen Papagei!

STIMME: Mag sein, aber Jesus ist auch ein komischer Name für einen Rottweiler!

Knurren, Bellen, Zähnefletschen, Tumult und dann ... Vorhang!

Bank ohne Bank

Personen

Bäuerin
Ernst (1. Sohn)
Rudolf (2. Sohn)
Kassierer
drei stumme Kunden

Requisiten

Schalterhalle in einem Geldinstitut
rote Kappe

Eine Bäuerin aus einer Region, in der außer Feldern und Kühen und Schweinen nichts anderes zu existieren scheint, kommt mit ihren beiden Buben in die Stadt, um eine Bank zu kaufen.
Verleitet durch das Schild BANK betritt sie ein Geldinstitut.
In der Schalterhalle agieren die drei ihrem häuslichen Lebensraum angemessen, der Kontrast zur „feinen" Gesellschaft sorgt für Aufsehen.
Nicht ganz einfach zu spielen, muss sehr gut besetzt sein!

Die Bäuerin betritt mit ihren Söhnen Ernst und Rudolf die prunkvolle Schalterhalle einer Bank in der Stadt (ein entsprechendes Schild z.B. mit der Aufschrift KÖLNER BANK AG hängt über der Bühne). Die drei sehen sich mit großen Augen ehrfurchtsvoll um. Durch ihr bäuerliches, mit Strohhalmen und Heubüscheln garniertes Outfit wirken sie in dieser Umgebung etwas deplatziert. Im Hintergrund steht der Kassierer (schnieker Anzug, Schlips und Kragen) am Schalter und zählt Geld. Drei vornehm gekleidete Bankkunden stehen oder sitzen abseits in der Nähe eines Tisches, einer liest Zeitung, einer studiert die Börsenkurse an der Wand, der dritte füllt ein Formular aus o.ä. Die drei Ankömmlinge agieren lautstark im Vordergrund.

BÄUERIN: Schaut euch das an, Kinder! Was für ein eleganter Laden!

ERNST Toll!

RUDOLF Ich seh nirgendwo eine Bank, Mama!

BÄUERIN: Ein Tisch steht doch da, siehst du? Und wo es einen Tisch gibt, da gibt es auch eine Bank.

ERNST: Wenn wir die Bank haben, können wir die alten Stühle endlich kaputt schlagen.

BÄUERIN: *(seufzt)* Ja, Bub, dann können wir die alten Stühle zerhacken! Gell, das machst du dann mit dem Papa!

RUDOLF: *(laut)* Ich will auch einen Stuhl zerschlagen!

Die Kunden blicken sich verstohlen um, einer schüttelt leicht den Kopf.

BÄUERIN: *(fährt ihn an)* Halt's Maul, Rudi!

RUDOLF: Mit dem dicken Hammer! Darf ich, Mama?

BÄUERIN: Ja, ja, aber sei still jetzt! Wir sind hier nicht auf dem Hof, gell!

ERNST: Au Mama, da fällt mir ein, ich hab ganz vergessen, den Schweinestall auszumisten.

BÄUERIN: *(schimpft)* Ja, Sakrament, Ernst! Wo hast du nur immer deinen Kopf! Die armen Schweine stecken doch bis über alle Ohren im Mist! Nimmt man euch **einmal** mit in die Stadt, und schon vergesst ihr eure Pflichten! Die armen Schweine.

Ein Kunde lässt die Zeitung sinken und schaut missmutig herüber.

ERNST: *(zeigt mit dem Finger auf seine hochmodische, knallrote Schirmmütze; weinerlich)* Ich konnte doch meine Lieblingskappe nicht finden! *(schluchzt)* Eine Stunde lang hab ich nach meiner Kappe gesucht! Ohne die Kappe wäre ich nämlich gar nicht mit in die Stadt gefahren! *(heult)* Hätte ich die Kappe doch bloß nicht gefunden! *(heult hemmungslos)*

BÄUERIN: *(reißt ihm die Kappe vom Kopf, schreit ihn so laut an, dass alle sich zu ihnen umdrehen)* Die armen Schweine! *(stülpt Rudolf die Kappe auf den Kopf)* Jetzt gehört die Kappe dem Rudi! Wer die Schweine im Mist stehen lässt, braucht auch keine Kappe, basta! *(Ernst bekommt einen hochtönigen Heulkrampf, ein Kunde verlässt eiligen Schrittes die Bank)* Hör auf zu heulen, Ernst!

RUDOLF: *(rückt sich die Kappe zurecht)* Warum bedient uns denn keiner, Mama? Ich hab Hunger!

BÄUERIN: Es wird schon einer kommen, Bub! Mach die Kappe vom Ernst nicht kaputt, hörst du?

RUDOLF: *(empört)* Das ist doch jetzt meine Kappe!

ERNST: *(stürzt sich auf Rudolf)* Das ist meine Kappe!

Die beiden rangeln miteinander, und die Bäuerin hat Mühe, sie wieder zu trennen. Die beiden restlichen Kunden blicken missbilligend auf und verlassen dann ebenfalls die Bank.

BÄUERIN: *(resolut)* Jetzt reicht's! Aufhören! Was sollen denn die Leute von uns denken? Der Ernst bekommt die Kappe wieder, wenn die Schweine fertig sind. Bis dahin darf der Rudi sie tragen.

RUDOLF: *(mault)* Ich will die Kappe behalten! Der Ernst macht sie nur immer weg!

BÄUERIN: Ruhig, Bub! Es reicht! Wir kaufen jetzt die Bank und dann fahren wir wieder nach Hause!

Der Kassierer ist hellhörig geworden, unterbricht sein geschäftiges Tun und blickt mit hochgezogenen Augenbrauen auf.

BÄUERIN: Du wartest hier, Ernst! Komm, Rudi, wir gehen mal zu dem Mann da! Ich glaube, das ist der Verkäufer! Der guckt schon so!

Während Ernst sich die Augen reibt und in eine Ecke geht, treten die Bäuerin und Rudi an den Schalter, wo der Kassierer sie mit fragendem Blick empfängt.

KASSIERER: *(misstrauisch)* Ja, bitte? Was kann ich für Sie tun?

BÄUERIN: Wir suchen eine Bank!

KASSIERER: *(irritiert)* Ich, äh, verstehe nicht, wie meinen Sie das?

BÄUERIN: Für die Küche! Wissen Sie, die alten Stühle sind schon ganz durchgesessen ...

RUDOLF: *(stolz)* Ich darf sie zerschlagen!

BÄUERIN: Sei ruhig, Bub! *(wendet sich wieder an den Kassierer)* Eine Küchenbank also, für zwei bis vier Personen, aber etwas ganz Stabiles!

KASSIERER: Eine ... eine Küchenbank?

BÄUERIN: Naja, es dürfen auch wieder zwei Stühle sein. Auf einem Stuhl sitzt es sich ja auch recht bequem – wenn er bequem ist! Also, wenn Sie schon keine Bank mehr haben, dann zeigen Sie uns vielleicht einen bequemen Polsterstuhl!

KASSIERER: *(fassungslos)* Ist das ... ist das Ihr Ernst?

BÄUERIN: Nein, nein, **das** ist mein Rudolf! Der hat nur die Kappe vom Ernst auf. *(Fährt gedämpft, fast vertraulich fort)* Wissen Sie, der Ernst hat heute die Schweine vergessen und da hab ich ihm zur Strafe die Kappe abgenommen und sie dem Rudi gegeben. Kann ich mir denn jetzt eine Bank oder auch einen Stuhl einmal anschauen?

KASSIERER: *(schluckt, ringt nach Luft, gedehnt)* Gnädige Frau, Sie sind hier in einem Geldinstitut!

Die Bäuerin zuckt zusammen. Nimmt Rudolf bei der Hand, zieht ihn energisch mit sich fort, packt auch Ernst bei der Hand, und die drei verlassen fluchtartig die Bank.

BÄUERIN: *(im Hinausgehen, sehr erregt und lautstark)* Mein Mann, der Mooshof-Bauer, hat völlig recht: In der Stadt herrschen Lug und Trug! BANK Steht groß und breit dran geschrieben, und dann gibt's hier nicht mal einen **Stuhl**! Auf Wiedersehen! *(ab)*

Verschnupft

Personen

Requisiten

Apothekerin
Kunde

In der Apotheke

Ein Kunde lässt sich in der Apotheke beraten, welches Medikament gegen seine Erkältung helfe.
Nach einer Reihe von sprachlichen Missverständnissen schlägt ihm die Apothekerin Zäpfchen vor.
Offensichtlich weiß der Kunde nicht, was Zäpfchen sind ...

Die Apothekerin im weißen Kittel steht hinter dem Ladentisch und sortiert Pillendosen. Der Kunde betritt die Apotheke. Er ist dick vermummt mit Mütze und Schal und macht einen leicht verschnupften Eindruck beim Sprechen.

APOTHEKERIN: *(freundlich)* Schönen guten Tag!

KUNDE: *(kläglich, vorwurfsvoll)* **Schön** und **gut**! Ich kann kaum aus den Augen gucken, so krank bin ich!

APOTHEKERIN: Oh, das tut mir leid. Dann waren Sie bestimmt schon beim Arzt und haben ein Rezept dabei.

KUNDE: *(hustet)* Arzt? Ich bin doch nicht lebensmüde! Nein, nein, diese Quacksalber kriegen mich nicht in die Finger. Außerdem weiß ich selbst am besten, was mit mir los ist.

APOTHEKERIN: Umso besser! Nur heraus mit der Sprache, ich werde versuchen Ihnen zu helfen, dafür sind wir Apotheker ja schließlich da.

Der Kunde beugt seinen Kopf vor, streckt der Apothekerin die Zunge heraus und deutet mit dem Zeigefinger darauf. Die Apothekerin verzieht das Gesicht und weicht angewidert zurück. Wenn der Kunde nun spricht, kann man ihn kaum verstehen, weil er dabei den Mund nicht zumacht.

KUNDE: Schehn Schie schich tasch m'an! Kansch weisch'r Belach, kansch rot'r Halsch, allesch dick ankeschwolln und kansch viel winschische Picklschn innrin!

APOTHEKERIN: Wie bitte? Was haben Sie da gesagt?

KUNDE: *(räuspert sich vernehmlich, macht den Mund zu)* Ich weiß, es klingt unglaublich, aber es ist so! Wollen Sie noch mal schauen?

APOTHEKERIN: *(hastig)* Nein, nein, äh, sagen Sie mir doch einfach Ihre Diagnose!

KUNDE: Meine **Dia – was**?

APOTHEKERIN: *(geduldig)* Sie sollen mir nur einmal klar und deutlich sagen, was Ihnen fehlt!

KUNDE: Gute Frau, mir fehlt eine ganze Menge. Das fängt an bei einem größeren Auto und hört bei meinem Regenschirm, den ich neulich im Zug vergesssen habe, noch lange nicht auf. Aber ich glaube nicht, dass dies der richtige Augenblick ist, so etwas zu erörtern, schließlich bin ich sehr krank!

APOTHEKERIN: *(verzweifelt)* Ja, was **haben** Sie denn?

KUNDE: *(starrt sie ungläubig an)* Was ich habe? Erst wollen Sie wissen, was mir fehlt – und jetzt, was ich habe! Hören Sie, ich habe entschieden mehr als mir fehlt! Aber das gehört doch hier nicht hin – ich bin krank!

APOTHEKERIN: *(gedehnt)* Ich weiß! Sie sind sehr krank!

KUNDE: Ja, endlich haben Sie begriffen. Und nun geben Sie mir etwas, damit ich wieder gesund werde.

APOTHEKERIN: *(scharf)* An welcher Krankheit leiden Sie denn, bitte schön?

KUNDE: Das habe ich Ihnen doch eben gesagt! *(reißt wieder den Mund weit auf)* Kaaaansch weischun Picklschen uninnin kanschrooot ...

APOTHEKERIN: *(unterbricht ihn unwirsch, greift unter die Theke und holt eine kleine weiße Schachtel hervor)* Hier! Nehmen Sie die!

KUNDE: *(blickt skeptisch auf die Schachtel)* Was ... was ist das?

APOTHEKERIN: *(genervt)* Das sind Zäpfchen.

KUNDE: Zäpfchen?

APOTHEKERIN: *(laut)* Haben Sie es auch an den **Ohren**? Das sind Zäpfchen gegen alles!

KUNDE: *(erfreut)* Oh, aha, und was muss ich damit tun?

APOTHEKERIN: *(gereizt)* Die müssen Sie in den After einführen!

KUNDE: Was? In den Af...? **Was** muss ich damit tun?

APOTHEKERIN: *(laut, vor Wut kochend)* Stecken Sie sich die Dinger in den Hintern, Mann!

KUNDE: *(stürzt hinaus, nur seine verschnupfte Stimme ist noch zu hören)* Unverschämtheit! Frechheit! Wie ordinär!

Reine Nervensache

Personen / Requisiten		
	Spaziergänger Frau Mann	Ein Spaziergänger fällt durch seltsame Körperbewegungen auf. Er setzt sich zu einem Pärchen auf die Parkbank. Dort fährt er mit seinen heftigen Armbewegungen fort, beinahe erwischt er auch die neben ihm Sitzenden, die mit Erstaunen vernehmen, was es mit dem seltsamen Verhalten des Fremden auf sich hat.
	Bank im Park	

Ein auffällig gekleideter Spaziergänger (kariertes Sakko, Schirmmütze, Latzhose, zwei verschiedene Schuhe o.ä. wandelt durch den Park. (Er könnte auch von hinten durch die Zuschauerreihen nach vorne kommen.) In regelmäßigen Abständen schlägt er mit der rechten Hand in Kopfhöhe um sich, als wolle er Wespen, Mücken oder Fliegen vertreiben. Gelegentlich gibt er sich selbst auch eine schallende Ohrfeige.
Auf einer Bank, die frontal zum Publikum steht, sitzt ein Pärchen, das ihm erstaunt zusieht.
Der Spaziergänger erreicht die Bank, bleibt vor dem Pärchen stehen und verpasst sich selbst einen Schlag in den Nacken, dass er fast umfällt.

SPAZIERGÄNGER: Darf ich mich einen Moment zu Ihnen setzen? *(gibt sich eine Ohrfeige)*

MANN: *(rückt irritiert ein Stück zur Seite)* Bitte!

SPAZIERGÄNGER: Vielen Dank! *(wischt haarscharf am Ohr seines Nachbarn vorbei durch die Luft)*

FRAU: Ist Ihnen nicht gut?

SPAZIERGÄNGER: Wie? O nein, nein, es geht mir blendend! *(schlägt sich mit der flachen Hand gegen die Stirn)*

FRAU: Wirklich?

SPAZIERGÄNGER: Ja! *(schlägt sich gegen den Hinterkopf)* Warum fragen Sie?

FRAU: *(verlegen)* Nun, Ihr Verhalten ist, wie soll ich sagen, ein wenig seltsam.

SPAZIERGÄNGER: *(klatscht über seinem Kopf in die Hände)* Wie meinen Sie das?

FRAU: Nun, äh, seltsam halt!

MANN: *(blickt skeptisch um sich)* Gibt es hier Mücken?

SPAZIERGÄNGER: *(nach einem Klaps vor die Backe)* Mücken? Keine Ahnung.

FRAU: *(leise zum Mann)* Er hat es bestimmt mit den Nerven!

SPAZIERGÄNGER: *(hat das gehört)* Mit den Nerven? Von wegen! *(verpasst sich erneut einen Schlag in den Nacken)* Ich muss mich höllisch konzentrieren! Meinen Sie, das könnte ich, wenn ich etwas mit den Nerven hätte? *(schlägt wieder beide Hände über seinem Kopf zusammen)* Dafür braucht man schon gute Nerven!

MANN: Wofür?

SPAZIERGÄNGER: *(schlägt sich auf den Kopf)* Na, dafür!

FRAU: Warum machen Sie das andauernd?

SPAZIERGÄNGER: Wie bitte? Hören Sie, gute Frau *(gibt sich eine schallende Ohrfeige)* wenn ich das nicht täte, würden wir sofort von einer Herde wütender Nilpferde zertrampelt werden!

FRAU: Aber hier gibt es doch gar keine Nilpferde!

SPAZIERGÄNGER: *(nach einem heftigen Schlag gegen die Stirn)* Da können Sie mal sehen, wie das wirkt!

Der Zauberer

Personen

Fahrgast
Frau Rosig
Herr Rosig
Töchterchen Jeannine
Schaffner

Requisiten

Im Zugabteil
Koffer, Taschen
Beppo, eine Stoffpuppe

Im Zugabteil sitzt ein Mann, der behauptet, er sei ein Zauberer. Die kleine Jeannine ist fasziniert und lässt sich mit wachsender Begeisterung etwas vorzaubern, bis der arme Zauberer schließlich mit seinem Latein am Ende ist ...

Dieser Sketch spielt in einem Zugabteil, das auf der Bühne aus sechs entpsrechend angeordneten Stühlen besteht. Die Zuschauer blicken frontal auf die beiden Stuhlreihen, den engen Raum dazwischen und auf das Zugfenster, das halb geöffnet ist. Ein Mann sitzt mit übereinander geschlagenen Beinen in der Nähe des Fensters und liest Zeitung. Familie Rosig ist zugestiegen und kommt ins Abteil.

FRAU ROSIG: Verzeihung, sind die Plätze wohl noch frei?

FAHRGAST: *(freundlich)* Ja, natürlich! Mein Platz wird an der nächsten Station auch noch frei.

FRAU ROSIG: *(schiebt einen Koffer herein und legt ihre Handtasche auf einen Sitz)* Vielen Dank, wir sind nur zu dritt, da haben wir ja genügend Platz.

HERR ROSIG: Schönen guten Tag! *(zu Jeannine)* Sag dem Onkel guten Tag, Jeannine!

JEANNINE: Guten Tag!

FAHRGAST: Hallo, Süße! Guten Tag! So, so, du bist also die Jeannine!

JEANNINE: *(setzt sich ihm gegenüber ans Fenster)* Hm, und wie heißt du?

FRAU ROSIG: Jeannine! Das fragt man einen Erwachsenen nicht!

Frau Rosig setzt sich umständlich neben Jeannine, angelt nach ihrer Handtasche und deponiert sie auf ihrem Schoß, während nun auch Herr Rosig mit einem Seufzer der Erleichterung Platz nimmt.

FAHRGAST: *(legt die Zeitung zur Seite)* Ich heiße Theo, Jeannine. Sag ruhig Theo zu mir.

JEANNINE: *(kramt aus ihrer Jacke eine bunte Stoffpuppe und hält sie dem Mann unter die Nase)* Das ist Beppo!

HERR ROSIG: Jeannine! Der Herr möchte deinen Beppo vielleicht gar nicht kennen lernen!

FAHRGAST: *(neigt höflich den Kopf)* Guten Tag, Beppo, ich bin der Theo.

SCHAFFNER: *(betritt im selben Moment das Abteil)* Und ich bin der Schaffner! Die Fahrkarten bitte!

Während alle ihre Fahrkarten vorzeigen und der Schaffner sie mit einer Lochzange entwertet, ertönt ein lang gezogener Pfiff und gleich darauf setzt sich der Zug in Bewegung, was die Zuschauer daran erkennen, dass alle Akteure in leichte, rhythmische Schaukelbewegungen versetzt werden, die sie bis zum Blackout durchhalten müssen. Der Schaffner wackelt wieder aus der Szene, und die vier Reisenden schauen nun etwa eine Minute lang interessiert aus dem Fenster und aus der Abteiltür. Dann wird es Jeannine offensichtlich langweilig. Sie hampelt auf ihrem Sitz hin und her, wirft Beppo in die Luft und fängt ihn wieder auf, schneidet Fratzen etc.

FRAU ROSIG *(ungehalten)* Benimm dich, Jeannine, du bist schließlich nicht allein hier!

FAHRGAST Ach, lassen Sie sie nur! Die Kleine langweilt sich doch!

JEANNINE: Fährst du auch deine Oma besuchen, Theo?

FAHRGAST: Nein, ich fahre zur Arbeit.

JEANNINE: Was arbeitest du denn?

HERR ROSIG: Jeannine!

FAHRGAST: Ich, äh, ich bin ... Zauberer!

JEANNINE: Boh, Zauberer! Kannst du mal was zaubern? Bitte!

Der Mann reißt ihr mit einer blitzschnellen Bewegung Beppo aus der Hand und wirft ihn scheinbar aus dem Fenster. In Wirklichkeit hält er die Puppe, von Jeannine unbemerkt, hinter seinem Rücken in der Hand. Die Rosigs haben das Schauspiel schmunzelnd verfolgt.

JEANNINE: *(schreit, springt auf)* Beppo! Mein Beppo!

FAHRGAST: Keine Angst, Jeannine, ich zaubere ihn dir sofort wieder her!

JEANNINE: Ja, bitte! O, Beppo!

FAHRGAST: Hokus, pokus, fidibus, pi und po und bla und bla – ist der Beppo wieder da!

Beim letzten Wort zieht er Beppo mit einem breiten Grinsen hinter dem Rücken hervor und legt ihn Jeannine in die Arme. Jeannine ist begeistert. Sofort drückt sie dem Mann ihren Beppo wieder in die Hand.

JEANNINE: Noch mal! Mach noch mal! Bitte, bitte!

Wieder tut der Mann so, als werfe er Beppo aus dem Zug, und wieder versteckt er ihn blitzschnell hinter seinem Rücken. Mama und Papa Rosig lachen sich schlapp, und auch Jeannine kreischt vor Vergnügen.

JEANNINE: Und jetzt wieder zaubern!

FAHRGAST: Hokus, pokus, fidibus, pi und po und bla und bla – ist der Beppo wieder da! *(im selben Moment drückt er Jeannine die Puppe auch schon wieder in die Arme)*

HERR ROSIG: *(beugt sich zu Jeannine, nimmt ihr Beppo mit sanfter Gewalt ab)* Beppo ist müde, Beppo muss jetzt schlafen!

FRAU ROSIG: Beppo ist zeute schon zweimal aus dem Zugfenster gefallen. Beppo ist gaaaaanz müde! Armer Beppo!

Da reißt Jeannine ihrer Mama die Handtasche vom Schoß, wirft sie kurzerhand aus dem Zugfenster und blickt strahlend in die Runde.

ELTERN ROSIG, FAHRGAST: *(zugleich)* Jeannine!

JEANNINE: Weiter kann ich nicht! Jetzt macht Theo wieder Hokuspokus und zaubert Mamas Tasche zurück!

AUFSATZ

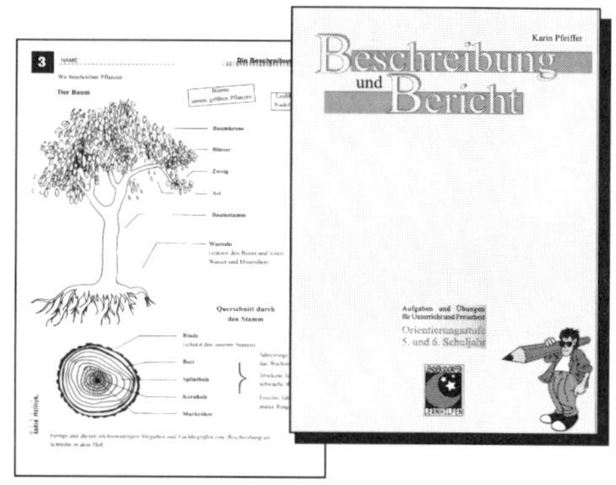

☐ Deutschaufsatz, mal ernst, mal heiter
Karin Pfeiffer
Die wichtigsten Aufsatzformen mit Beispielen und Themenvorschlägen zum Üben
Broschur, 120 Seiten; ab 4. Schuljahr
Best.-Nr. 440399

dazu:

Übungsheft Aufsatz
Karin Pfeiffer
Kopiervorlagenblock, 40 Seiten
Best.-Nr. 440690

☐ Die Textinterpretation
Karin Pfeiffer
Kopiervorlagenblock, 10 Aufgabenblätter ab 8. Sj.
Best.-Nr. 440879

Praktische Übungen an humorvollen Texten.

☐ Der Elefant auf dem VW
Karin Pfeiffer
Vergnügliche Textsammlung mit Lesehilfen und kurzweiligen Übungen, Arbeitsheft mit 30 Seiten ab 5. Sj. *Best.-Nr. 44016X*

Für den Unterricht mit Jugendlichen und Erwachsenen geeignet.

☐ Am Ende des Regenbogens
Karin Pfeiffer
Kurzweilige Aufsatzstunden; Stundenbilder mit Kopiervorlagen; 74 Seiten; Grundschule
Best.-Nr. 440739

Bildergeschichten, Beschreibung und Bericht, Nacherzählung, Fantasie- und Erlebniserzählung. Dieses Heft erleichtert die Unterrichtsvorbereitung.

☐ Die Katze im Baum
und andere Geschichten zum Weiterdichten
Karin Pfeiffer
Broschur, 85 Seiten, DIN A 5; ab 3. Schuljahr
Best.-Nr. 440402

Sehr beliebte Geschichten, die nach- und zu Ende erzählt werden sollen. Bestes Aufsatztraining!

☐ Der Aufsatztrainer
Bessere Aufsätze schreiben, Kopiervorlagenheft mit 10 Aufgabenblättern,
ab 3. Schuljahr
Karin Pfeiffer
Best.-Nr. 440666

Passt inhaltlich zu „Die Katze im Baum".

☐ Beschreibung und Bericht
Karin Pfeiffer
Kopiervorlagenheft, 18 Seiten; Aufgaben zum Üben ab 5. Schuljahr *Best.-Nr. 440836*

Für Unterricht, Freiarbeit, Selbststudium – viele motivierende Aufgaben.

☐ Ein Schwein namens Liese
Karin Pfeiffer
Reime zum Lachen und Selbermachen
Lesenlernen und Schreibenüben ab 2. Schuljahr
Best.-Nr. 440593

Diese Arbeitsblätter können zum Lesen, Ausschneiden, Kleben, Malen, Auswendiglernen, Fabulieren usw. verwendet werden. Rechts- und linkshirniges Lernen!

☐ Der Dreh mit dem ABC
Karin Pfeiffer
Meditative Bruchstaben-Kreisbilder zum Lernen und Üben
Kopiervorlagenblock; *Best.-Nr. 440720*

Beim Malen wird das Blatt gedreht. Das Kind arbeitet sorgfältig. In der Mitte ist eine Zeichnung (Anlautwort). Zeilen zum Üben und eine Übersicht über das gesamte ABC ergänzen den Band.

NACHHILFE

☐ Die zornige Fliegenklatsche
Welches Wort passt?
Ausdrucks- und Wortschatzübungen zum selbstständigen Lernen
Karin Pfeiffer
Kopiervorlagenheft mit 18 Übungsblättern
ab 2. Schuljahr *Best.-Nr. 440275*

Bilderseiten und Lückentexte, Übung der Grammatik und des Rechtschreibens;
Für Freiarbeit und Nachhilfe sehr gut!

☐ Die Hühner von Bauer Wunderlich
Karin Pfeiffer
Bildergeschichten und Bilderszenen mit knappen Texten; Kopiervorlagenblock, 21 Blätter; ab 2. Sj.
Best.-Nr. 440305

Lustige Aufsatzstunden, Förderung der Kreativität.

☐ Tempo, Tempo !!
Karin Pfeiffer
38 lustige Bewegungsspiele, 7 – 14 Jahre
DIN A 5 quer, praktische Spiralbindung
Best.-Nr. 440682

Inhalt: Aufwärmen, Lauf- und Fangspiele, allgemeine Bewegungsspiele, Ball- und Teamspiele, Spaßspiele mit Gymnastik.

SPIEL & FEIER

☐ 5-Minuten-Sketche

Karin Pfeiffer
Humorvolle Rollenspiele und Texte für Feiern und Feste im Jahresreigen Grundschule
Best.-Nr. 441409

Block mit Kopiererlaubnis, 32 Blätter
Kurze und leichte Texte, die von den Schülern selbst erarbeitet werden können.
Die Rollentexte erscheinen auch als kurzer Fließtext. Dieser kann im Deutschunterricht als Arbeitsgrundlage herangezogen werden.

Themenübersicht:
Abschied und Neubeginn, Schulfeste und Feiern, Nikolaus, Weihnachten, Ostern

☐ Die Hexe Furufara

Karin Pfeiffer (Kohl)
Rollentext, Broschur, 60 Seiten
1.- 7. Schuljahr; *Best.-Nr. 440097*

Ein Stück voller Gags für diverse Gelegenheiten im Schulleben. Spieldauer: ca. 30 Minuten
Kinder tauschen mit den Erwachsenen ihre Rollen, bis die Hexe Furufara sie wieder von ihren „Qualen" erlöst. Ein witziges und fantasievolles Bühnenstück.

☐ Lauter lustige Schulsketche

Karin Pfeiffer (Kohl)
Broschur, 80 Seiten; 6 – 99 Jahre
Best.-Nr. 44050X

Die Szenen sind geordnet nach dem Eignungsalter, von sechs Jahren aufwärts bis zum Greisenalter. Viele Rollen sind zu vergeben, ideal für Schulklassen. Die Sketche kann man an die aktuelle Situation anpassen, indem man sie inhaltlich abwandelt.

Was ist eine zwölfstellige Nullstellenzerbröselung ???

☐ Klapsmühle

Peter Klusen
Broschur, 80 Seiten, DIN A 4-Format;
6 – 99 Jahre *Best.-Nr. 447040*

Eine Wundertüte voll mit irrsinnig blöden und umwerfend witzigen Sketchen von Peter Klusen, dem erfolgreichen Bühnen- und Kinderbuchautor. Sketche für alle möglichen Gelegenheiten im Schulalltag, viele Rollen, lebendige und spritzige Texte, Themen von heute und morgen. Der ganz normale Wahnsinn.

☐ Der Weg zum Licht

Karin Pfeiffer und Peter Stolz
Meditative Kreisbilder; Bilder und Texte
Kopiervorlagenheft, 13 Blätter
Kinder ab 10, Jugendliche, Erwachsene
Best.-Nr. 447032

Diese wunderschönen Kreisbilder laden ein zum Ausgestalten. Besinnliche mythologische Texte wirken als Bindeglied zwischen Seele und Geist, zwischen Gefühl und Verstand.
Einfach entspannen und zur eigenen Mitte finden.

Die Lendersdorfer Traumfabrik

Im Traum lernen, welch wunderbare Vision! Aber leider, leider haben die Götter gerade auch beim Lernen vor den Erfolg den Schweiß gesetzt. Lernen, sofern wir es bewusst anstreben, tut meistens weh ...

Weil er pfiffig ist, verbindet der Mensch das Notwendige mit dem Angenehmen. Lesen ist etwas Angenehmes, vorausgesetzt man besitzt genügend Lesefertigkeiten und kommt an interessanten Lesestoff.

Karin Pfeiffer (damals noch Karin Kohl) hat 1996 die Traumfabrik gegründet. Jährlich erscheinen in dieser Textschmiede die humorvollen und beliebten Lernhilfen, welche so viel Lust zum Lesen und Lernen machen.

Anschrift Verlag und Redaktion:

Lendersdorfer Traumfabrik
Schneidhausener Weg 52
D-52355 Düren

Tel. (02421) 5 79 79
Fax (02421) 95 98 09